DYING TO BE ME

—10TH ANNIVERSARY EDITION

喜びから人生を生きる！

10周年記念版

臨死体験が教えてくれたこと

アニータ・ムアジャーニ 著
奥野節子 訳

ナチュラルスピリット

DYING TO BE ME
10TH ANNIVERSARY EDITION

Originally published in 2022 by Hay House Inc.
Japanese translation rights arranged with Hay House UK Ltd, London
through Tuttle-Mori Agency, Inc., Tokyo

まえがき

ウエイン・W・ダイアー博士

私は、この本の内容に深く心を動かされました。そして、神が計画した度重なる偶然の出来事によって、著者であるアニータ・ムアジャーニと個人的に知り合い、ますます感動することになったのです。アニータは、四年以上にわたる癌との闘いで、死に直面しました。つまり、死の瀬戸際まで行き、それを越えて、死の家の中へと入って行ったのです。彼女は、その体験のすべてを詳細にこの本で述べています。自分が抱いている信念、特に来世と呼ばれるものについて、もう一度考え直すくらいの気持ちでじっくりと読んでみてください。

愛する家族や医師に見守られながら、アニータは深い昏睡状態にあり、死を迎えようとしていました。しかし、その悲観的な予想を覆して、再び癌にむしばまれた身体へと戻るチャンスを与えられ、無条件の愛によるすばらしいヒーリングを体験したのです。彼女は、死の淵から戻ることを許されただけでなく、物質世界を超えた向こう側の世界がどのようなものなのか、そして、それよりもっと重要なことですが、そこではどのように感じられるのかについて、私たちみんなに伝えることを許されました。

これは、大きな無条件の愛の物語です。あなたが本当は誰で、なぜここにいるのか、人生の邪魔をする恐れや自己否定をどのように乗り越えられるのかについて、新しい見方を与えてくれるでしょう。アニータは、自らの癌についてはもちろんのこと、なぜ自分がそのような危ない道を選んでしまったのか、なぜ病気が治ったのか、そしてなぜこの世に戻ってきたのかなどについて、自分が信じ、感じていることを正直に話しています。彼女の今世での使命は、間違いなく、あなたが彼女の体験を読もうとしている事実の中に反映されています。そして、私自身も、この重要なメッセージを世界中へ伝えるという使命に強く関わっています。

アニータが二十四時間の昏睡状態の中で、向こう側の世界への扉を通り抜けた時に発見したことは、私が執筆中や講演中に受け取った啓示と驚くほど類似していました。私たちの出会いに神の介入があったのは、明白なことです。神は、地球のほとんど反対側の、まったく異なった文化に住む一人の女性を私の意識と生活の中に送り届けてくれました。

最初にアニータのことを知ったのは、ニューヨークに住むミラ・ケリーという女性から、アニータの臨死体験の記事を受け取った時でした。のちにミラとは友人になり、前世療法をしてもらいました。私はその記事を読んだ時、直ちにこの感動的なメッセージを世界中に広めるため、全力を尽くさなければならないと感じたのです。さっそく、ヘイ・ハウス出版社の社長であるレイド・トレーシーに電話をかけ、アニータ・ムアジャーニという女性を見つけ出し、彼女の体験談を書いてくれるように頼んでくれとお願いしました。さらに、もし彼女に異存がなければ、私に前書きを書かせてほしいと伝えました。その後、すばらしいシンクロニシティに導かれ、私が毎週出演するラジオ番組に、アニータが香港から電話をかけてきたのです。私はアニータにインタビューをし、世界中の人たちがそれを耳にしました。そして私たちは、仕事上でも、私生活でも、つながりを持つようになったのです。

アニータは、私たち全員が純粋な愛であることについて話しています。私たちは他の人々や神とつながっているだけでなく、深いレベルで、全員が神なのです。でも、恐れやエゴのせいで自分の人生から神を追い出してしまい、それが身体の病気だけでなく、社会の病気も生み出しています。彼女は、自分のすばらしさを大切にし、光や愛の存在として生きることを学ぶようにと言っています。そのような生き方によって、生まれながらに持つヒーリングの力が発揮できるからです。

アニータは、時間や空間が存在しないことを実際に体験し、ワンネス――一つであること――とは知的な概念ではなく、本当にあらゆることが同時に起こっているということを意味するのだ、と驚きを感じました。彼女は、純粋で、至福に満ちた愛のオーラを浴び、そのような感覚に無限のヒーリングの可能性が秘められていたと言っています。「神とともにあれば、すべてが可能である」というイエス・キリストの言葉の真の意味を学んだのです。例外は一つもなく、過去さえも癒せるのです。私の著書である『Wishes Fulfilled』(ヘイ・ハウス)で書いていることをアニータは自分で発見しました。すなわち、神の存在が感じられるところでは、医学を含めて物質世界の法則は当てはまらないのです。

私は、この女性に会わなければと思いました。電話で話してアニータのスピリチュアルな本質に触れ、その時から、彼女の伝える希望のメッセージこそ恐怖にかわるものだと感じていたのです。そして、この本の執筆にとどまらず、PBSのテレビ番組に私と一緒に出演して、彼女の愛と希望とヒーリングの体験を世界中に話してもらうことにしました。

私は、アニータの臨死体験についてのインタビュー記事を老人ホームに住む九十五歳の母にも送りました。母はいつも死を目の当たりにしていました。というのも、友人の多くが高齢だったため、寝ている最中に亡くなってしまい、もう会えなくなることがよくあったのです。私は、あらゆる生き物の運命である〝死〟というとてつもない神秘について、母と何度も語り合ってきました。形を持つものはすべて形を失います。このことを頭では理解していてもなお、私たちを待ち受けているものは大いなる謎に満ちています。

アニータの臨死体験談を読んで、とても心が安らいだと母は言いました。死というまったく未知のものが恐れや不安やストレスをもたらしていたのですが、それがなくなったそうです。事実、私の子どもたちもそうですが、アニータの臨死体験談を読んだ人はみんな、生きる元気を与えられ、自分を愛し、自分のすばらしさを大切にして、病気を生み出すような考えはすべて日々の生活から追い払うことにしたと宣言しています。私は、このようなテーマについてずっと書いてきましたが、アニータは、まさにそのことを身をもって体験したのです。

アニータは、自分の身体を癒すことができました。そして、彼女はこのシンプルでパワフルなレッスンを教えるために戻ってきたと、幾度となく私に言いました。そのレッスンこそが、あなたを癒すだけでなく、私たちの世界をも大きく変えるのです。そして、神が私とアニータを引き合わせたのも、そのような理由からだとわかっています。私はいつも、人々に自らの神性について教え、みんなの中に神がいると知らせることが私の生きるべき道だと思ってきました。私たちは身体だけの存在ではなく、私たちの価値は、功績や財産とも関係ありません。私たちは、あらゆる存在の源、つまり神と一つなのです。『Wishes Fulfilled』でこのことを書いていた時、アニータ・ムアジャーニが私の人生に現れました。それはまるで、私が自動書記で受け取っていた内容に花を添えてくれたようでした。彼女は自ら体験し、それをすばらしい言葉で語っています。

この本を読めるあなたはとても幸運です。なぜなら、癌とのすさまじい闘いや神の癒しを体験した旅の中で、アニータが悟りえたあらゆることを自らの人生に生かせるのですから。

愛が究極の癒しであるという、希望にあふれたメッセージを伝えるお手伝いができることを、私はとても光栄に思います。アニータの言葉を受け入れ、あなたの身体、人間関係、母国、世界からあらゆる病気を取り除くことができますように。詩人のエリザベス・バレット・ブラウニングは、「地は天に満ちて、いかなる茂みも神とともに燃ゆる」と表現しています。この世での癒しや天国は、愛するだけであなたのものになります。アニータのすばらしい本を楽しんでください。私はこの本と彼女を深く愛しています。

ハワイ、マウイ島にて

愛するダニー。二人の愛は、時空を超えたものだと私にはわかっています。もしそうでなければ、この人生で、今日私はここにいなかったでしょう。

親愛なる母とすばらしい兄アヌープ。いつもそばにいて、私が一番必要な時に助けてくれて、本当にありがとう。特に、病気の時のことは決して忘れません。誰にも、私の家族のように愛情を注いでくれる人たちがいることを願います。

親愛なる父の思い出に。父の一番大きな夢は、私の結婚式を見ることでした。けれど、その大切な日を待たずに、この世を去ってしまったのです。お父さん、向こうの世界で、無限の存在として私と再び出会い、無条件の愛を経験するチャンスを与えてくれてありがとう。あらゆる場所にあなたがいるのだと教えてくれたことに感謝します。

宇宙の偉大な真実は、星や惑星の研究のような外の世界ではなく、私たちの奥深く、つまり、心や魂の壮大さの中に存在するのです。自分の内側に何があるのか理解できるまで、外側にあるものは理解できないでしょう。

私の体験談があなたの心を動かし、自分がすばらしい存在であることを思い出すことができますように。

もくじ

パート3　臨死体験が教えてくれたこと

はじめに

私の体験をお話しすることにしたのは、他の人たちに自分と同じ体験をしてほしくないと思ったからです。

表立って他人に何かを教えたり、生き方について話したりするのは、あまり好きではありません。たとえ向こうから頼まれても、どのように変えればよいのかをアドバイスするのは苦手です。むしろ私は、自分の例を示すことで、他の人たちが自らの真実とつながれるよう手助けしたいと思っています。

二〇〇六年二月に臨死体験をし、過去四年間苦しんだ癌が治癒してから、このことをいつも考えていました。臨死体験の最中、私は自分の未来を目にし、この世に戻る決断をした一つの理由は、多くの人が私の体験やメッセージを聞いて心を動かされることになるからだと理解しました。その状態の中で、何千人、おそらく何万人もの人に希望を与えられるだろうとわかったのです。けれど、どのようにすべきなのかははっきりしませんでした。ただ、自分がたくさんの人たちを助けることになると知ったのです。でも、そのために自分は何もする必要はないという気がしました。ありのままの自分でいて、人生を楽しみ、より大きなものが起こる媒体となっていればよいと感じました。

そうしていたら、世の中や自分に起こっていることについて答えを探している人たちや、医学や科学の専門家からの質問に応えて講演をしたり、書き物をしたりするようになりました。この本が生まれた経緯も、同じです（詳しくは、第十四章に書いてあります）。私は、癌との闘いと臨死体験の結果として自分が学んだことを率直に述べています。自分の体験や、そこから学んだ人生についての理解をお話しできることは私の喜びで、それがみなさんのお役に立つならばとても嬉しいと思っています。

パート1では、私が育った環境について書きました。それは、互いに相容れない独特な信念を持つ複数の文化が混在する環境でした。この経験が私という人間にどのような影響を与え、のちに病気の原因となった恐れをいかに生み出したのかについて、そして、大人へと成長し、癌にかかるまでの人生について述べています。

パート2では、私が経験した臨死体験そのものと、その時に自分が理解したことや、その後に起こったことについて書いています。癌が治癒して、世の中に自分の新しい居場所を見つけることとは思いのほか大変でしたが、心躍るような旅となりました。

パート3では、ヒーリング、今日の世の中のあり方、どのようにして本当の自分を生き、自分のすばらしさを輝かせられるかについて、今の私にわかっていることを書いています。そのあとの質疑応答では、これまで質問された最も一般的な問題や難しい問題について説明しています。

自分の体験から学んだことをお話しする前に、はっきり伝えておきたいことがあります。それは、私が宇宙や科学の真実を知っているとか、スピリチュアルな指導者であると主張しているのではないということです。また、新しい宗教を始めるつもりもまったくありません。私の唯一の目的は、誰かを説得して信じさせようとすることではなく、ただ助けることです。

癒しを得るために臨死体験が必要だというわけでないことを、特に強調しておきたいと思います！　私の目的は、自分の癌を引き起こしたと信じている感情的、心理的要因についてお話しすることです。同じような要因があるならば取り除き、病気になる可能性を減らしてほしいと思うからです。そして、あなたやお知り合いの人が癌や他の深刻な病気に侵されているなら、それを癒す方法はたくさんあることを知ってください。どうか自分にとって正しい感じがし、心に響くものに従ってください。

もし一歩一歩導くような指示や教えを探しているなら、私は不適当です。というのは〝誰にでも合うような教え〟はないと信じているからです。そのようなものは、あなたという存在に制限を与えるだけです。この本を読む際も、私に注意を向けるのではなく、むしろあなたの中にある同じような感情を体験してもらいたいのです。私の体験や洞察をお話ししているのは、あなたの中に存在するすばらしい輝きに火をつけるためなのです。私の望みは、あなたの中に眠っている指導者を目覚めさせ、宇宙の中心に自分の居場所を見つけられるよう導いてもらうことです。

あなたが、人生という旅で、日々喜びを見つけられるように願っています。そして、私と同じくらい自分の人生を愛するようになってください！

Part1

正しい道を求めて

プロローグ

私が〝死んだ〟日

「信じられないほどすばらしい気分だわ。なんて自由で、軽いんだろう！　どうしてまったく痛みがないの？　どこへ消えてしまったんだろう？　周囲のものがどんどん遠くへ離れていくのはなぜ？　でもまったく怖くないわ。どうして怖くないのかしら？　恐れはどこにいってしまったの？　うわぁ、もうどこにも恐れがないわ！」

病院へ担ぎ込まれた時、私はこのようなことを考えていました。周囲の世界が夢のような感じで、どんどん意識が遠のき、やがて昏睡状態に陥ったのです。過去四年間、私の身体をむしばんできた癌に屈し、あらゆる臓器がその機能をまさに停止しようとしていました。

二〇〇六年二月二日、この日は私が〝死んだ〟日として、はっきりと記憶に刻み込まれることでしょう。

昏睡状態でしたが、自分の周囲で起こっていることにはすべて敏感に気づいていました。私を病院へ担ぎ込んだ家族の切迫感や逆上した気持ちもわかっていました。病院に到着した時、癌専門医は、私を見た瞬間ものすごいショックを受けたようでした。

「心臓はまだ動いていますが、奥様の意識はもうありません。助けるには手遅れです」と、医師は夫のダニーに告げました。

「医師は誰のことを話しているんだろう？　私は、こんなに最高の気分なのに。ママやダニーは、どうしてあんなにおびえて心配そうなの？　ママ、どうか泣かないで。何があったの？　私のせいで泣いているの？　お願い、泣かないでちょうだい。私は、大丈夫よ！」

大きな声で言っているつもりでしたが、声になりませんでした。

母を抱きしめ、慰めて、私は大丈夫だと言いたかったのですが、なぜそれができないのか、まったく理解できませんでした。どうして身体が言うことをきかないの？　どうして死んだみたいに横たわっているの？　愛するダニーや母を抱きしめて、私はもう大丈夫で、痛みもまったくないと安心させたいのに……。

「ダニー、見てちょうだい。もう車椅子なしで動き回れるのよ。最高の気分！　もう酸素ボンベもいらないわ。呼吸も苦しくないし、皮膚病変も消えている。傷口はじくじくしてないし、痛くもないわ。四年間苦しかったけれど、やっと元気になったのよ」

私はただ、この上ない喜びに包まれていました。私の身体をむしばんでいた癌の痛みから、やっと解放されたのです。そのことを二人にも喜んでほしいと思いました。私の闘い、そして家族の闘いがやっと終わったのに、どうして彼らは幸せそうじゃないのだろう？　どうして一緒に喜んでくれないの？　私が感じているこの喜びがわからないのかしら？

「お願いです。まだ何かできることがあるはずです」ダニーと母は、医師に懇願しました。

「もう時間の問題です。どうしてもっと早くこの病院へ来なかったんですか？　奥様の臓器は、すでに停止しつつあります。それで昏睡状態に陥ったのです。一晩も無理かもしれません。治療はもう不可能です。この段階ではどんな薬も命取りになるだけです」と医師は答えました。

「そんな……でも、私はあきらめません！」と、ダニーは断言しました。夫は、だらりとした私の手をぎゅっと握りました。彼の声には、深い悲しみと無力感が漂っていました。今私がどんなにすばらしい気分か知ってほしいと思いましたが、それを伝える手だてはありませんでした。

「ダニー、お願いだから、お医者さんの話は聞かないで。どうしてあんなことを言うのかしら。私はここよ、もう大丈夫なの。こんなに元気で、すばらしい気分なんだから！」

なぜかわかりませんが、医師や家族が感じていることを察知できました。彼らの恐れ、不安、無力感、絶望感などすべてが感じられたのです。まるで自分が彼らになったように、その感情が手に取るようにわかりました。

「ダニー、どんなにつらいかよくわかるわ。あなたの気持ちが感じられるの。お願い、私のために泣かないで。ママにも泣かないでと言ってちょうだい。お願いだから！」

自分の周囲で起こっているドラマに感情を揺さぶられるとすぐ、そこからだんだん遠くへ引き離されていくのを感じました。まるで、もっと大きな展望、より壮大な計画が展開しているかのようでした。周囲の出来事から引き離されていくにつれ、すべては完璧で、偉大なタペストリーの中で計画通りに進んでいるのだとわかり始めたのです。

その時、自分は死ぬのだと悟りました。

「ああ……私は死ぬんだ。死ぬって、こんな感じなの？　これまで想像していたのとは、まったく違うわ。とても安らかで、穏やかな気分……やっと癒された気がする！」

私は、たとえ身体の機能が止まっても、生命という大きなタペストリーの中で、あらゆるものが完璧であり続けると理解したのです。すなわち、それは、人は死なないということでした。

医師のチームが、死んだも同然の私の身体を担架に乗せて、集中治療室へと運ぶのを眺めながら、目の前で展開している出来事の細かな点一つひとつに気づいていました。彼らは感情的に取り乱していて、私を人工呼吸器につなぎ、点滴を行ったりしていました。

私は、病院のベッドに横たわっている自分の身体に、もう何の愛着もありませんでした。まるで、それは自分の身体ではないような気がしていたのです。自分が今体験していることの器としては、無意味で小さすぎるように思えました。私は、とても自由で、すばらしい気分だったからです。苦しみや痛み、悲しみなどはすべて消えていました。ものすごい解放感で、こんな気分になったのは生まれて初めてでした。

純粋な、無条件の愛としか言い表せないものに包まれている感じがしました。でもそれは、〝愛〟という言葉では表し切れない深い思いやりに満ちていて、これまで一度も経験したことのないものでした。私たちが愛情と呼ぶものをはるかに超えていました。それは、私のこれまでの行いの善し悪しにかかわらず〝無条件に〟与えられ、その愛を得るために、私は何かをする必要も、正しく振る舞う必要もありませんでした。ただあるがままの私に与えられたのです。

私は、この愛のエネルギーにどっぷりと浸かり、元気を取り戻しました。そして、この地こそ自分のための場所だと感じました。何年にもわたる闘いや苦しみや不安や恐れのあとで、ようやく本当の我が家にたどり着いたのです。

第*1*章

多様な文化の影響

インドはすばらしい国です。でも、私はそこで暮らす運命にはありませんでした。両親はインド人で、ハイデラバードのシンド族出身ですが、私は美しいシンガポールで生まれました。

父方の祖父はスリランカで織物の貿易商を営み、ヨーロッパやインドや中国の織物の輸出入を行っていました。仕事の性質上、父は旅の多い生活でしたが、私が二歳になった時、香港の英国人街に住居を構え、ようやく落ち着きました。

私は、三つの異なる文化と言語の中で育ちました。香港は、刺激的で活気に満ちた大都市です。人口の大半は中国人だったので、私は生活の中で広東語を学びました。両親は私と兄アヌープを、英語で教育をしているブリティッシュ・スクールへ入学させました。生徒の大部分は、香港に住むイギリス人でした。けれど、家では、家族全員が母国語であるシンド語を話し、ヒンドゥー教にもとづいた生活をしていたのです。

父は背が高く、ハンサムで、自分に対する尊敬を家族に求めました。父が家族を愛しているのは知っていましたが、いつも厳しく、父の規則は絶対でした。ですから、私は父を恐れ、子どもの時は、父を怒らせないようにびくびくしていました。一方、母はいつも優しく、母に対して自分の気持ちを話すのをためらったことは一度もありません。

私は兄のアヌープが大好きでした。彼は五歳年上ですが、小さい時からずっと仲良しでした。子どもの頃は、五歳という年の差は大きかったので、一緒に遊んだり、喧嘩したりすることはめったにありませんでしたが、私は兄を尊敬し、彼はいつでも私を守ってくれたのです。兄が近くにいるとホッとし、何でも話していいんだと思っていました。アヌープは、私の人生に父よりも大きな影響を与えた男性です。

伝統的なヒンドゥー教徒として、両親はお見合い結婚をしました。そして、ゆくゆくはアヌープと私にも恰好の結婚相手が見つかるようにと望んでいました。ヒンドゥー教では、女性は夫や家庭内の男性に従うべきだと考えられていたのです。

男女の不平等は私の文化ではごく普通のことだったので、子どもの頃はこのような価値観に何の疑問も持たず、当然のことだと受けとめていました。それを最初に変だと思ったのは六歳の頃で、母と他の女性との会話を盗み聞きしてしまった時です。

「二番目のお子さんが生まれた時、女の子でがっかりした？」その女性は、インドの方言で母に尋ねました。

私は不安でドキドキしながら、母の答えを待っていました。

「いいえ、もちろんそんなことはないわ。娘のことをとても愛しているもの」母がそう答えたので、私はホッとしました。

「でも女の子は悩みの種でしょう、特に大きくなると。甘やかさないように気をつけないといい旦那さまが見つからないし。それに、結婚の支度金は毎年どんどん上がっているのよ」と、その女性は延々と話し続けました。

「将来のことはわからないでしょう。女の子だろうが、男の子だろうが、すべての子どもが自分の運命を持って生まれて来るんだから」私は、母の賢明な答えを今でも覚えています。

「でも、私は息子が二人でよかったわ」その女性は、誇らしげに言いました。彼女が満足感を抱いているのは、幼い私にもわかりました。

そして後日、母と二人きりの時、私はこう尋ねてみたのです。

「ママ、女の子は悩みの種っていうのは本当なの？」

「もちろん、そんなことはないわ」そう言って、母は私を抱きしめてくれました。その時、「自分が女の子だからということで、両親に絶対苦労はかけないようにしよう。男の子だったらよかったのにと思われたくない」と決心したのを覚えています。

香港での最初の家は、ハッピーバレーにある競馬場を見下ろす九階建てのアパートでした。私は、色とりどりのユニフォームを着た騎手が、週末のレースのために馬を調教する様子を何時間も窓から眺めていたものです。

アパートに面する大通りには市電が走っていました。七階にある自宅の窓から外を眺めて空想していると、市電の騒々しい音によく邪魔されました。

朝はたいてい、馴染みのあるサンダルウッドとバラの豊かな香りで目が覚めました。いつも安らぎと落ち着きを与えてくれるこの香りが、私は大好きでした。母は色合い豊かなインドの伝統的なサルワール・カミーズ（シャツとパンツとストールからなるインドの女性用民族衣装）を着て、家の神棚へ向かいました。

毎朝、両親は、ヒンドゥーの神々であるクリシュナ、ラクシュミー、シヴァ、ハヌマーン、ガネーシャの前に立ち、瞑想し、祈り、マントラを唱えました。新しい一日を始めるにあたり、自分の意識を高めて、内なる強さを得るためにそうしていたのです。両親は、ヒンドゥー教の聖典ヴェーダに入っている経典と、インドの宗教家グル・ナーナクの教えとシーク教の聖典グル・グラント・サーヒブに従っていました。

私も神棚の前に座り、両親の様子をじっと見ていました。両親は、まずお香に火をつけ、それをさまざまな神や女神の像や肖像の前で円を描くように揺り動かすと、ヒンドゥー教の祈りの言葉を唱えました。私もそれを真似していました。

それより少し大きくなってからのことですが、私は、子守りをしてくれていた中国人のアーフォンが、広東語で私に話しかけながら、いろいろ家事をしている様子をよく眺めていました。伝統的な白と黒のサンフー（ハイネックの上着とパンタロンからなる中国の婦人服）を着た小さな身体が、せかせかと家の中を走り回っていました。私はアーフォンにとてもなついていました。二歳の時から一緒だったので、彼女は家族の一員のようでした。

普通の日はだいたい、私は夕方まで両親に会えませんでした。アーフォンが学校に迎えに来てくれ、ランチを食べるために帰宅したあと、野菜や果物を買いにいつも市場に連れて行ってくれました。私は彼女と一緒に市電に乗って外出するのが大好きで、それは私にとってものすごい冒険でした。アパートの真ん前に停まる市電に飛び乗り、市電が混み合った狭い通りを進んでいく間、窓から見える景色を夢中で眺めていたものです。ハッピーバレー、コーズウェイベイ、ワンチャイを通り過ぎ、市場で市電を降りるのですが、アーフォンは絶えず私の小さな手をしっかり握っていました。市場の景色や匂いや音のすべてが、私は大好きでした。両親は、こんなワクワクする場所へは絶対連れて行ってくれなかったのです。両親とはいつも車で出かけて、デパートで買い物をしていました。そこは、万華鏡のようにいろいろな色や感覚があふれた市場と比べれば、とても退屈なところに思えました。

市場には、新鮮な野菜や果物、家庭用品、さらにはがらくたや子どもの玩具まで何でもそろっていました。野菜や靴、花や鍋釜、プラスチック製のおもちゃや色とりどりの果物、装身具や風船、魚や肉、靴下やナプキン、タオルやテーブルクロスを売る店が散在し、行商人が大声で客寄せをしていました。

「アーフォン、アーフォン！　あれを見て！　あの男の人は蛇で何をしているの？」私は、流暢な広東語で、興奮気味に叫びました。

「あれは、蛇の行商人よ。蛇を縛ろうとしているの。そうすれば、あの家族が、蛇を家に持って帰ってスープを作れるでしょう」

蛇使いの巧みな手さばきから自由になろうと蛇がのたうちまわるのを、私は驚きの目でじっと見続けました。結局、蛇の努力は無駄に終わりました。私は、細長い竹竿に縛りつけられ、鉄の網かごに入れられた生き物が可哀そうでなりませんでした。

それでも、アーフォンと市場に行くのが大好きでした。このちょっとしたお出かけが、私の冒険心をとてもかき立てたのです。

アーフォンは長年私たち家族と一緒にいたにもかかわらず、父や母が部屋に入ってくると、下を向いて、目をそらしていました。私は好奇心旺盛な子どもで、彼女の行動はもちろん、あらゆることについて質問を浴びせました。いつも、アーフォンと両親の間にある文化的違いを融合させたいと思っていたのです。

「どうしてそんなことをするの？」まだ六歳だった私は知りたくてなりませんでした。

「何のことを言っているの？」アーフォンが聞き返しました。

「私の両親が来たら、下を向くのはなぜ？」

「敬意を表すためよ」

「どうして？」

「あなたのご両親は私の雇い主だから、敬意を示して彼らが私より優れた人物だと思っていることを示したいのよ」

「私の両親はあなたより優れているの？」私は、驚いて尋ねました。

「そうよ、だって私に仕事をくれているんだもの」

「それじゃあ、私もあなたより優れているの？」

アーフォンは私の詮索好きには慣れていて、優しく笑いながら答えました。

「いいえ、だって、あなたは私に仕事をくれないでしょう。私はあなたのお世話をするためにここにいるんだもの」

「ああ、そうなの」私はそう言うと、新しい人形で遊び始めました。

私はアーフォンの娘のアーモーイーと遊ぶのも大好きでした。私が五歳になった頃から、週末ごとに、アーモーイーはアーフォンと一緒に我が家に来ていました。アーモーイーは私よりも一歳年上で、私が流暢な広東語を話せたおかげで、友達になれたのです。彼女といるのはとても楽しく、一緒に私のおもちゃで遊んだり、近くの公園へ行ったりしました。私に週末の遊び相手ができたので、両親も喜んでいました。

日曜日はアーフォンが休みの日で、彼女はアーモーイーと一緒にランチに出かけ、それから自分の両親の家に連れて行きました。アーモーイーは次の週末までそこで暮らしていたのです（当時尋ねはしませんでしたが、今思えば、アーフォンはシングルマザーで、両親に助けてもらいながらアーモーイーを育てていたのでしょう）。私が両親と外出しない日曜日は、アーフォンは私も一緒にそこに連れて行ってくれました。私は、そんなお出かけをこの上なく楽しんでいました。

いつものように、私たちは市電で出かけることにし、まずは、中華料理の屋台へ食事に行きました。そこは広東語でダーイパーイドンと呼ばれ、屋外にありました。私たちは小さな木製のベンチに座って、車や人が行き来する中で、熱いワンタン麺をズルズルと音を立てて食べました。食事のあと、アーフォンはアーモーイーが祖父母と暮らしている家に連れて行ってくれました。そこはエレベーターのない中国スタイルの低層アパートで、部屋の中に家具はほとんどなく、その黒っぽい石造りの室内を私はうろうろと歩き回りました。アーフォンが自分の両親とお茶を飲んでいる間、好奇心あふれる私は、あちこち探索したのです。彼らは、龍やトラのような中国の黄道十二宮の動物が色とりどりのエナメルで描かれた小さなカップでお茶を飲み、私は大きなグラスでジュースや甘い紅茶を飲みました。

そこへ行くのが嫌だと感じたことは一度もありません。たとえ会話に飽きても、大きなアーチ型の窓から下の通りを眺めるのが大好きだったのです。通りでは、干物の行商人が新鮮なホタテ貝や魚を蓆《むしろ》の上に並べて、強烈な午後の太陽の光で乾かしていました。

このように、私は東洋文化と西洋文化が入り混じった中で育ちました。香港は、おもに中国人が住んでいるイギリスの植民地だったので、クリスマスやイースターも、中元節や中秋節と同じくらい熱心にお祝いしていました。

アーフォンとアーモーイーは、私に中国の伝統や信仰、そしてすべてのお祭りの意味を教えてくれました。私は、アーモーイーが休暇中に我が家にいるのが大好きでした。中国のお祭りの一つである中元節は、太陰暦（旧暦）の七番目の月の十四日に行われますが、その日になると、私たちは亡くなった親族を弔い、祖先にお供えをしました。

アヌープと私は、アーフォンやアーモーイーや料理人のアーチョンが、紙で作った飾り物を燃やして、亡くなった親類にお供えするのを眺めていました。彼らは、台所の裏にある階段の吹き抜けの下で、大きな壺の中に火を灯すと、その中に飾り物を入れて燃やしました。それは車や家の形だったり、模造したお金でした。彼らは、祖先が向こうの世界でこのようなぜいたく品を受け取ってくれると信じていたのです。

「アーフォン、紙の家を燃やしたら、あなたのおじいちゃんは本当に天国で家をもらえるの？」と、私は不思議に思って尋ねました。

「そうよ、アニータ。祖父母は、私が彼らのことをずっと覚えていて、助けることを望んでいるの。あの世に行ったあともね。誰でも自分の先祖を敬わなくてはいけないのよ」と彼女は言いました。

アーフォンとアーチョンとアーモーイーは台所の背後にある食卓に座り、食事をしました。そこは、アーチョンが食事の支度で一日の大半を過ごすところでした。その日は特別に、亡くなった親類も参加できるように多めに席を設けて、お供えの食べ物を置いていました。私はよくこの食事に加わりましたが、彼らの先祖が十分な食事をとれたかどうかが気になってしかたありませんでした。

中国のお祭りの中で、私のお気に入りの一つは中秋節でした。中秋節の時にはいつも、地元のお店の天井にぶら下がっているたくさんの飾りの中から、鮮やかな色どりの提灯を選びました。提灯にはいろいろな形や大きさがあって、中国の黄道十二宮の動物の形もあり、私はウサギの提灯が一番好きでした！　アーフォンはアーモーイーと私に提灯を選ばせるため、市場の裏にあるお店に連れて行ってくれました。

この行事は、アメリカの感謝祭にとてもよく似ていて、中秋の満月を祝うものです。中秋節の日は、ご馳走を食べて、いろいろな種類の月餅を配りました。それから、美しい色とりどりの提灯に火を灯して外に持っていき、近所の子どもたちと一緒に木々や柵につるしました。中秋節の日は月が一年で一番大きく明るくなり、いつもより遅くまで起きていて、提灯や月の明かりの下で遊んでもよいと言われたのです。

私の家族は、ディワーリー（富の女神ラクシュミーに捧げる灯明の祭り）をはじめとするあらゆるインドの祝祭をとても熱心に祝っていました。お祭りの日には新しい洋服を着るのですが、そのためにショッピングに行くのが私は大好きでした。母はいつも、当時の香港の中心街で一番大きいデパートへ私と兄を連れて行きました。二人とも子ども服売り場を走り回りながら、私は躍起になってピナフォアドレス（袖なしのラップ式ドレス）を探し、兄はシャツとズボンを見ていました。母は、私のドレス選びを手伝ってくれました。お祭りの時には、色鮮やかなドレスのほうがふさわしいようでした。

その縁起の良い日には、家族全員が新しい洋服で盛装しました。母はいつも、新品のカラフルなサリーを着て、宝石類をすべて身につけました。父は、伝統的なクルタ・パジャマ（インド製のシャツとズボン）を、兄はズボンとシャツを、私は新しいワンピースを着ました。

全員が身支度を整えると、そろってハッピーバレーのヒンドゥー教寺院へ向かいました。そこでインド人社会の人たちと歓談し、ヒンドゥー教のお祈りの歌を歌いました。私たちの歌声に、チャイムやベルの音が散りばめられ、寺院の高い丸天井に響きわたり、夜の空気の中へと漂っていきました。寺院の鐘の音が私の中で鳴り響き、魂の奥深くに届いたような感じがしたのを覚えています。ヒンドゥー教のお祭りの日にはいつも、寺院の中庭は鮮やかな色や音楽やダンス、そして、お香の甘い香りの中を漂うピリッとしたインドのベジタリアン料理の匂いであふれていました。私はその雰囲気が大好きでした。

「ママ、前のほうに行ってお坊さんに額の朱色をつけてもらうわ！」興奮してシンド語で母に叫ぶと、私の小さな身体は、色とりどりの人の間を縫うように前に進み出ました。

お坊さんが額につけてくれる朱色は第三の目を開くことを意味し、寺院へ行くたびに、必ず私はこの朱色をつけてもらったのです。

ヒンドゥー教の家に生まれたので、私はカルマと輪廻転生を信じて育ちました。東洋の宗教のほとんどはこの考えをもとにしており、人生の目的は意識を高め、生まれ変わるごとにスピリチュアルな進化をとげ、悟りを開くことだと信じられています。悟りを開いた時、私たちは誕生と死のサイクルに終止符を打ち、もはや身体を持って生まれ変わることはなくなります。これが、解脱と呼ばれるものです。

私はこのことを考えるたびに不安になり、将来の悪いカルマになる行いはしないようにと注意を払っていました。まだ小さい頃から、何が良いカルマを作り、何が悪いカルマを作るのかと、心の中でいつも考えていたのです。私は、生まれ育った文化の中で完璧な人間であろうと努力していました。

さらに、ヒンドゥー教では、瞑想と詠唱が心の中から不純な思いを取り除き、悟りを助けるものだと教えられていました。瞑想は、私たちが身体だけの存在ではないことに気づく助けとなるのです。こうして私は、成長するにつれて、人間は単なる生物ではなく、それ以上の存在だと気づいていきました。

第2章　ヒンドゥー教とキリスト教のはざまで

家でのヒンドゥー教の教えとは対照的に、私の最初の教育は、修道女が運営しているキリスト教系の学校で始まりました。七歳になる頃には、すでに文化的、宗教的違いによる衝突を経験していたのです。その学校は、三階建てで礼拝堂もある、美しく大きな古い建物の中にありました。好都合なことに、学校までは家から歩いてさほどかかりませんでした。

初めて学校へ行く日、私は新しい制服を着て、とても得意げでした。制服は真っ白なワンピースと、小さな赤い校章がついた紺色のブレザーでした。校内に足を踏み入れた時、すべての子どもたちが同じ制服を着ているのを見て、自分に満足感を抱きました。というのも、制服のおかげで、帰属意識が得られたからです。学校は、毎日、讃美歌を歌うことから始まりましたが、それも大好きでした。

「どうして君の家族は、日曜日に教会に行かないの？」学校に通うようになってから一ヶ月ほどして、クラスのジョセフが知りたがりました。

「だって、キリスト教徒じゃないからよ。うちはヒンドゥー教徒だから、月曜の夕方に寺院へ行くの」

「毎週日曜日に、教会でお祈りしたいから連れて行ってくれと両親に頼まないとだめだよ。でないと、死んだ時に天国へ行けないよ」

「それは本当なの？　だって、もし本当なら、両親も知っているはずだもの」

「もちろん、本当だよ。他の人にも聞いてごらん。そうだ、聖書のクラスで、シスターメアリーに質問してみなよ。彼女なら、正しいことを教えてくれるから。神様が本当に望んでいることを知っているはずだよ」と彼は言い張りました。

私はジョセフが好きでした。彼は本当に気にかけてくれ、私が天国へ行けるように願っているようでした。そこで、私はシスターメアリーにこの質問をしてみたのです。言うまでもなく、私は教会へ行く必要があり、もし神様に好かれたいなら聖書を勉強すべきだと繰り返し言われました。そして、親切にも、神の言葉を理解するお手伝いをしたいと申し出てくれたのです。

その日の午後、学校から戻ると、シスターメアリーに言われたことを母に話してみました。

「ママ、友だちとシスターが、日曜日に教会へ行かなくちゃいけないって言うの。死んだ時に天国へ行きたければ、聖書を勉強するようにって」

「アニータ、心配しなくていいのよ。私たちはヒンドゥー教徒だって、学校のみんなに言えばいいわ。もう少し大きくなったら、あなたはヒンドゥー教の聖典ヴェーダを勉強するのよ。違う土地から来た人たちは別の信仰を持っているの。人間は、死んだら別の環境に生まれ変わるってことをあなたは学ぶのよ」

「でも、学校のみんなは、そんなこと賛成してくれないわ」私は少しムスッとして答えました。「それに怖いの。もしみんなのほうが正しかったらどうなるの？　学校のみんなが間違っているはずはないわ。どうしてシスターが間違えるの？」

母は私を近くに引き寄せて、こう言いました。「怖がらなくていいのよ。誰にも本当のことはわからないの。シスターメアリーにだって。宗教は真実を見つけるための一つの道で、真実そのものじゃないの。それは単なる道で、人はそれぞれ違う道を歩んでいくのよ」

その時はちょっと安心しましたが、母の言葉が私の不安を完全に取り除いてくれたわけではありませんでした。やがて、クラスメイトと宗教が違うという心配は、なくなるどころか、ますますひどくなっていったのです。

私は、ヒンドゥー教徒でも天国へ行けると、シスターメアリーに言ってほしかったのです。でも彼女は、私が求めている確約を与えてはくれませんでした。それどころか、学校の授業で、教会へ行かない人を待ち受けている恐ろしい運命について知ることになったのです。

「寝ている時に、神様が私を迎えに来たらどうすればいいの？　神様はあらゆる場所にいてすべてお見通しだと、シスターメアリーは言っていたわ。だから、私が洗礼を受けていないことも知っているに違いない……」

そこで、私は一晩中起きていることにしました。神様が、自分の気に入らない人たちのところへ、待ち受けている恐ろしい運命を見せようとやってきた時に備えて、あえて眠らなかったのです。

両親は、そんな私の不安や不眠症を心配するようになりました。そして、私の状態が良くなるどころかだんだん悪くなっていくのに気づいて、八歳の時にアイランドスクールに転校させることに決めました。

そこは六つの建物とグラウンドからなる小さなブリティッシュ・スクールで、ボウエンロード上手の丘陵地帯にありました。あまり宗教とは関係なく、当時の生徒の多くはイギリスからの海外駐在者の子どもで、彼らの親は政府や多国籍企業に勤めていました。

学校はとても立派で、科学実験室、語学ラボ、動物飼育室、体育館、プールなど、当時の最新設備を誇っていました。けれど、イギリス人ばかりの中で、インド人である私は悪戦苦闘を強いられたのです。クラスのみんながブロンドの髪と青い目だったので、肌の色が浅黒く、髪の毛が濃くて縮れている私はいつも引っ張り出され、いじめの対象になりました。

「ビリーが〝黒んぼ〟って呼ぶのをやめてくれたら……」というような悩みで、私の心はいっぱいでした。さらに、クラスでチームを作る時には、私はいつも最後まで残り、ゲームをする時もめったに仲間に入れてもらえませんでした。私が見ていない隙に、本やペンを盗まれることもありました。

そんなことばかりされて、私はいつも一人ぼっちで悲しく、落ち込んでいたのです。それでも、人前では涙をこらえ、自分の寝室で枕に顔を埋めて泣いていました。自分がいじめられていることを、両親にも知られたくありませんでした。私のことを困りものだと思われたくなかったからです。すでに一度転校していたので、今度はうまく適応して、楽しくやっているふりを続けようと思っていました。

けれど、ある一つの出来事が、私にものすごい衝撃を与えました。その時私は、食堂で一人静かにランチを食べていました。すると、ちょうどランチを食べ終えたビリーが、私の斜め向かいの席で立ち上がりました。彼は自分のトレーを持ち上げ、私の横を通り過ぎようとした時、わざと私のお皿の上に残り物をこぼしたのです。

周りにいた人たちは大笑いしました。ビリーがしたことに気づいた人はほんの少しだったかもしれませんが、私には部屋中の人が自分のことを笑っているように思えました。

自分の中でとてつもない怒りがふつふつとわき上がってくるのを感じました。とうとう堪忍袋の緒が切れてしまったのです。黒んぼと呼ばれるのも、仲間に入れてもらえないのも、いじめられるのも、持ち物を盗られるのも、もううんざりでした。

怒りとショックで立ち上がり、飲みかけたオレンジソーダを手にとって、私を笑っているビリーのほうを向きました。そして、彼の顔をまっすぐに見て、頭からソーダをかけたのです！

今度は、部屋中が笑いの渦に包まれました。ありがたいことに、今度は、私が笑われているのではありませんでした。彼らはビリーの髪の毛や顔や洋服からソーダが滴り落ちている様子を笑っていたのです。彼は見られたざまではありませんでした。でも、私は恐ろしくて笑えませんでした。彼がどう反応するか、怖くてたまらなかったのです。

ビリーは、ものすごい怒りを込めて私を睨みつけました。その強いまなざしで身体に穴があくような気がしました。私は稲妻のように食堂を飛び出し、女子トイレに飛び込んで、狭いトイレの中に閉じこもって泣き始めました。たった今したことが信じられなかったのです。それは、まったく自分らしくないことだとわかっていました。私は、何よりもみんなに溶け込み、受け入れられ、好かれたいとずっと思っていたのです。でも、自分の肌の色や人種を変えることはできず、どうにもなりませんでした。

「どうして私だけ、いつもみんなと違うの？　私の居場所はどこにあるんだろう？　どうしてどこかに属していたいのだろうか？」狭いトイレの中でうずくまって泣きじゃくりながら、その答えが知りたくてなりませんでした。

ありがたいことに、成長してティーンエイジャーになる頃には、いじめはおさまりました。クラスメイトは親から独立し始めましたが、私の両親はもっと厳しくなっていきました。友人たちとの夜の外出には特にうるさく、その中に男の子がいればなおさらでした。男の子と出かけるのは、私たちの文化では好ましくないことだったのです。ですから、学校での夜のイベント参加も、週末の友人との外出も、私はめったにしたことがありませんでした。

結局、私は、帰属意識を持てないままでいたのです。クラスメイトが週末のダンスパーティーのことを話して笑っていると、自分だけ除けもののような気がしました。うらやましそうに彼らを見ながら、インド人じゃなければよかったと思ったものです。私は、学業に専念し、多くの時間を一人きりで過ごしました。自分だけの世界に閉じこもり、本当に親しい友達はほとんどいませんでした。

相変わらず両親は自分たちの文化を教え込もうと一生懸命で、私を他のインド人に会わせようとしましたが、私はその努力をはねつけていました。

「私はヴェーダンタ哲学のクラスには行きたくない」十三歳のある日、母にそう宣言しました。ヴェーダンタ哲学のクラスとは、ヒンドゥー教の経典の勉強をするところで、私は他のインド人の子どもたちと一緒に、毎週土曜日にそのクラスに参加していたのです。

「そんなことをしたら、大きくなってもっと苦労することになるわよ。特に、結婚する時に。あなたはヒンドゥー教徒であることがどういうことかを学ぶ必要があるの」母は、私の髪をいじりながら、そう言いました。

「でも、これ以上インド人になりたくない！　私はクラスのみんなのようになりたいんだもの」と心の中で叫びながら、母にこう言いました。「でも、学校の友達と一緒に出かけたいの。彼らはヴェーダンタ哲学のクラスに出る必要はないでしょう」

「お父さんとお母さんは、あなたにクラスへ出てほしいの。ただそれだけの話よ」と母は言いました。

私はヒンドゥー教徒になりたいとは思いませんでしたが、良い娘として、両親の望みに従うことにしました。何年もの間、毎週、私はインド人の友人たちと一緒に、私たちの信仰を隅々まで学んだのです。ヴェーダ聖典の教え自体は面白く、ワクワクする内容でした。先生は、いつも積極的に議論するように励ましてくれ、それは私の得意分野でもありました。私はそのクラスの人気者で、必死で溶け込もうとしている学校での状況とは大違いでした。まるで、まったく異なる二つの生活を送っているような感じでした。

「学校でも、インド人の友人たちとのような人気を得られたらどんなにいいだろう……。どうして学校のクラスメイトは、インド人の友人のように私の良いところがわからないんだろうか？」

とよく思っていました。

成長するにつれて、ヒンドゥー教の理論的側面にますます興味を持つようになりました。実際、バガヴァッド・ギーター（〝神の詩〟と訳される教典）やヴェーダの勉強が楽しくなり、原因と結果の法則、運命と自由意志などについて学びました。私は講話が大好きで、このような主題についての議論も楽しみました。さらに、自分の思考をはっきりさせるために、祈りや瞑想もしました。女性を抑圧することや、女性を男性に仕えさせること、人々の意志に反するお見合い結婚など、その文化的信条の多くは理にかなっていないように思えましたが、ヒンドゥー教の教え自体は、私にとって納得できるものが多かったのです。実際、ヴェーダにはこれらの文化的信条のどれひとつとして明記されてはいませんでした。

ところが、自分の生まれ育った文化や宗教をこんなに学んだにもかかわらず、これから自分に起こることの何の準備にもなりませんでした。ずっと信じてきた考えや哲学が一瞬にして吹き飛ばされ、根本から揺さぶられることになろうとは、当時は想像もつかなかったのです。でも、その頃の私は大人への成長過程にあり、自分の人生の均衡を探し求めながら、自分の文化や伝統に対して挑戦し続けていました。

第3章　お見合い結婚でのつまずき

インドの文化的な背景から、両親は、徐々にお見合い結婚を勧めるようになり、友人や親類の息子たちを私に紹介し始めました。特に父は、高校卒業後も学業を続けることを望んでいませんでした。家から離れて大学へ行き、ますます自立心旺盛になったら困ると思っていたのでしょう。そうなれば、夫に尽くし、言いなりになる妻にならないからです。私の文化では、女性は若くて教育をあまり受けていないほど結婚生活に順応しやすく、それが望ましいことだと思われていました。

両親は私の幸せを一番望んでいましたが、そのためには同じ文化の相手と結婚しなければいけないと信じていました。しかし、私が望んでいるのは、それと相反することばかりだったのです。

「でもパパ、私は、大学に進学して、写真やグラフィックデザインを勉強したいの！」と私は強く主張しました。

「もし家の近くで勉強できるところがあれば、反対はしないよ。でも、家から離れて一人暮らしをするなんてことは絶対に許さない！」と父は言いました。

「そんなことを言っても、この辺に、英語で学べる高等教育機関はないってわかっているでしょう。勉強を続けたければ、家から離れるしかないわ！」と私は反論しました。

「そんなことは論外だ！　結婚前に、女の子が家を出て暮らすことなど許されないのはよく知っているだろう」と父は反対しました。

でも、この頃の私はすでに成長していて、自分自身のしっかりした考えと意見を持っていました。これまで受けてきた教育の影響で私の考え方はかなり欧米化しており、父にこう尋ねたのです。「どうして女性は、男性と違う規則に従わなくちゃいけないの？」

「それは規則じゃない！　そういうものなんだ。自分の文化的価値観に従うのを誇りに思うべきなんだよ」そう言いながら、私の反抗的態度に、父は多少いらついていました。

私には実現したい夢があったのですが、それが叶うことはないだろうと気持ちが沈んでいきました。それは、旅行写真家として、世界中を見て歩くという夢でした。ヨーロッパ中をバックパックで旅行し、パリでエッフェル塔を見て、エジプトのピラミッドを体験したいと思っていました。ペルーのマチュピチュのエネルギーを感じ、スペインで美味しいパエリャ料理を味わい、モロッコでタジーン料理を楽しみたかったのです。これから見たり、聞いたり、やってみたいことが山のようにありました。お見合い結婚に同意すれば、その夢を実現するチャンスはすべて奪われるとわかっていました。けれど、高校を卒業した直後に、仲の良かったインド人の女友達二人がお見合い結婚をしたことで、私の立場はますます悪くなりました。

結局、両親の悩みの種になったり、これ以上父に反抗したくなかったので、私は地元にある写真コースに申し込みました。さらに、両親のご機嫌をとって、お見合いをするように言われれば、慎み深い花嫁候補らしく振る舞うようになりました。

今でも忘れられないある出来事があります。両親は一番美しい伝統衣装を私に着せて、将来の花婿候補に会わせに行きました。私は、幅の広い襟もとに繊細な刺繍がほどこされた、濃いピンク色のローシルクの服を身につけました。そして、刺繍の縁どりがあるパステルピンクの高級なレースのショールを頭と肩の上にゆったりとかけ、慎み深さを表現したのです。パステルブルーのシルクのズボンと、薄いピンクのハイヒールを履いて、仕上がりは完璧でした。

途中、車の中で、決して話してはいけないことのリストを、心の中で作っていたのをはっきり覚えています。たとえば、伝統的なインドの服よりも、ジーンズやスニーカーやハイキングブーツのほうが好きだとは、絶対に口から滑らせてはならないと思っていました。もう一つのおかしてはならない過ちは、子どもの時とは違い、最近では、お祭りの時を除いて、めったにヒンドゥー教の寺院へ行っていないと認めることでした。自分の趣味や興味――すなわち、電子音楽への関心、アートや天文学や星を眺めるのが好きなこと、自然の中にいる喜びなど――についても話してはいけないとわかっていました。将来の夢について話すのも厳禁でした。その夢とは、いつかアフリカをバイクで横断したいとか、ヨーロッパをバックパックで旅行したいとか、エジプトを訪問したいとか、社会活動家になって、発展途上国に自給自足のグローバルヴィレッジを建設する団体に加わったり、アジアの貧困国の生活改善のために働いたりしたい、というようなものでした。でも、「このような話題は、絶対持ち出しちゃいけないんだ」と自分に言い聞かせました。特に、将来義母になるかもしれない人の前では、完璧に丸いチャパティを作れるようになったことを言うべきだと心に刻みました。イースト菌を入れないこのインドの伝統的なパンは、ほとんどのインド人家庭の主食ですが、完璧な円形になるようにパン生地を均等に平らに伸ばすには、大変な技術を必要としたのです。ですから、私ができると知ったら、相手の家族はとても喜ぶだろうと思いました。

準備万端だと、心から思っていました。今回は起こりうるシナリオをすべて考えて臨んだので、絶対にうまくいくと信じていました。それでも、準備が足りなかったのです。お見合いの場所であるオークピークロードの丘陵地帯に建つ美しいコロニアルクラブに到着すると、さっそくウェイターが注文をとりにやってきました。その時、将来の花婿や家族が厳格な菜食主義者だとは気づかず、私はツナサンドを注文してしまったのです。彼ら全員が、きゅうりとチーズのサンドイッチか、チーズと玉ねぎのパイか、他の菜食主義メニューを注文していたことに気づきさえしませんでした。

「私はツナサンドをいただきます」という言葉が私の口から出た瞬間、将来の義母は鋭いまなざしを向けました。その視線は、私の胸に突き刺さるような強烈なものでした。一斉に、他の家族も私のほうを見ました。全員のまなざしを浴びながら、私は穴があったら入りたい気分でいっぱいでした。

なんて愚かな間違いをしたんだろう！　彼らが菜食主義者だって、どうして気づかなかったの？　私は繰り返し何度も自分を責めました。それは、私の文化では、珍しいことではなかったからです。

言うまでもなく、このお見合いはうまくいきませんでした。

けれど、その後も何度かお見合いを重ね、やがて努力が実って、ようやく婚約までこぎつけることができました。その男性とは二度しか会っていませんでしたが、次に会う前に、婚約するかどうかの決断をしなければなりませんでした。

私たちは、婚約を決めるまで、これ以上一緒の時間を過ごすことは許されませんでした。彼は背が高く、ハンサムで、洗練された言葉遣いをする男性でした。私は彼に魅力を感じ、彼も同じ気持ちだとわかりました。私たちは、お互いのことをもっと知りたいと思っていたのです。二人は婚約することに同意し、双方の両親は大喜びでした。さっそくナーナク寺院で宗教的儀式が執り行われ、家族や友人たち全員が出席して、僧侶から祝福を受けました。この儀式は、ミシュリーと呼ばれるもので、婚約式にあたるものです。

私たちのミシュリーは午後に執り行われ、夕方には、有名なインドレストランで夕食会が開かれました。お料理とワインが振る舞われ、音楽が演奏される中、私たちは初めて一緒にダンスをしました。その瞬間、私はとても幸せでした。やっとインド人として正しいことができた、みんなに受け入れられたと感じていたのです。これからずっと幸せに暮らせるだろうと、信じて疑いませんでした。

けれど、何ヶ月か経ち、結婚式の日が近づくにつれて、私は婚約者や彼の家族が望むような妻や義理の娘には決してなれないとわかり始めたのです。私は、伝統的なインド人女性のタイプではありませんでした。婚約する前に、どうしてこのことに気づかなかったのでしょうか？　お見合い結婚なのですから、そこには何らかの期待が存在すると用心すべきだったのです……。すでに婚約が調っていたので、それを破棄することは問題外に思えました。少なくとも、両家の家族にとっては。

この婚約期間中、彼や彼の家族のために、自分が変われるようにとずっと祈っていました。彼らが誇らしげに、妻あるいは義理の娘と呼べるような人間になろうと格闘していたのです。でも残念ながら、失望させるばかりで期待にはまったく応えられそうにありませんでした。みんなを喜ばせたいと思いながらも、自分の不安な気持ちと、夢を実現したいという願望のせいで、嫁としての伝統的義務に専念できなかったのです。

私は自分自身にひどく失望していました。「どうして私だけうまくできないのだろうか？　私の何が問題なの？　みんなには簡単なことなのに……。友達だって、みんな婚約して結婚しているわ。それなのに、どうして私には同じことができないの？」と、いつも考えていました。自分が役立たずで、くだらない人間に思えました。まるで敗北者のような気分でした。

とうとう私は、自分が彼らの求めている人間には決してなれないという事実を受け入れました。もうこれ以上続けられないとわかっていたので、婚約を破棄する覚悟もできていました。それでも、私は怖くてならなかったのです。そのことを言うのも、そして、そのことについてどんな反応をされるのかも。私は、結婚することも、結婚の約束を破ることも恐れていました。

心の奥深くで、自分は、未来の夫や義理の両親の期待に添うことはできないだろうと知っていました。その時点まで私がしてきたことは、振る舞いの仕方や装いなどすべて、見せかけにすぎなかったからです。私は、自分が彼らの望むような人間ではないと初めからわかっていました。だからこそ、別の人間になろうと努力し続けたのですが、それでも十分ではありませんでした。

その上、自分の夢や希望や願いを実現するチャンスもあきらめなければならなかったのです。

このような状況にあっても、私は、自分の気持ちや苦しみについて両親に何も言いませんでした。なぜなら、またもや私のことを悩みの種だと思われたくなかったからです。すべて自分の心の中にしまい込み、表面上はにこにこと明るく振る舞い、婚約して幸せな女性のふりをしていました。また、自分の苦しみや恐れのせいで他人を悩ませたくなかったので、本音は誰にも話さずにいました。

しかし、我慢は限界に達し、結婚式を間近に控えたある日の夕方、私は母のところへ行き、泣き出してしまいました。

「ママ、本当にごめんなさい。やっぱり無理なの。私、結婚はできない！」

驚いたことに、母は私をぎゅっと抱きしめて、こう言いました。「アニータ、泣かないで。悩んでいることをすべて話してちょうだい」

「まだ結婚する準備ができていないの。だって、私には夢があって、世界中を旅して、いろいろなことをしたいの。今結婚して、自分の夢をすべてあきらめるなんて耐えられないわ！」

泣きじゃくりながら、自分の心にあることすべてを口に出してしまいました。自分の考えや恐れ、夢や希望などひとつ残らずです。

母は私をしっかりと抱きしめ、私が望まないことはしなくていいと言いました。そして、私の気持ちにもっと早く気づけなくてごめんなさいと言い、これほど嫌がっていることを無理やりさせてしまったと謝りました。さらに、このことを父親に話さなければいけないけれど、自分が味方になるから怖がらなくていいと言ってくれたのです。

心の中にずっと溜まっていた感情から一気に解放された感じでした。それから、アヌープにも母に言ったことと同じことを話しました。アヌープはすぐに、「心配しなくていいよ、アニータ。僕がついているから。もっと早く言ってくれればよかったのに。一人でこんなに悩むことはなかったんだよ」と言ってくれました。

「でも、婚約してしまったら、もう終わりだと思っていたの」と、私は涙を流しながら言いました。けれど、家族以外のインド人社会の人物で、この知らせを快く受け取った人は誰もいませんでした。親戚や相手の家族はもちろんのこと、それ以外の人たちも皆、この知らせを聞いて悲しみ、怒り、ガッカリしたのです。彼らはわざわざ私に会いにやってきて、結婚するよう説得しようとしました。結婚前に不安になるのは当然で、すべてうまくいくから大丈夫だと言いました。さらに、もし婚約破棄などすれば、一生誰も私と結婚したがらないと信じさせようとしました。私の名前は汚されて、みんな自分の息子を私に近づけないようにすると言ったのです。

私の理想は、特に女の子としては非現実的だとも言われました。期待が高すぎて、絶対にふさわしい男性は見つからない、だから期待のレベルを下げて、従順な妻や義理の娘になりなさい、そうすれば幸せな人生を送れると説教されたのです。

自分の立場を守ろうとして、みんなを傷つけていることがつらくてなりませんでした。人々が私について言っていることを耳にするたび、自分の決断をひどく気に病み、将来が怖くなりました。彼らは、私は家庭的ではなく、わがままで、両親がきちんとしつけなかった娘だと噂していたのです。さらに、女性でこんなことをするとは、ずいぶんうぬぼれているとも言われました。私は落ち込み、とても悲しい思いをしました。もうインド人社会でいっさい人付き合いはしないと思ったほどでした。婚約したことから婚約破棄したことまで、自分の行いのすべてが悔やまれました。婚約者と家族を傷つけ、自分の両親を傷つけ、十分家庭的ではなく、典型的なインド人女性のようになれなかったことなどすべてです。自分のあらゆることを悔やんでいました。

「どうして私はいつも謝ってばかりいるんだろう？　ありのままの自分でいるために、なぜ謝らなくてはいけないの？」自分の何が問題なのか、どうしても理解できずにいました。

そしてついに、結婚式の中止についてみんなに弁明することに耐えられなかった私は、結婚式が行われる予定だった数日前に逃げ出したのです。もちろんその時点では、結婚式に必要な物はすべて購入して支払いも済ませ、あらゆる手筈が整い、贈り物が高く積み上げられ、世界中から友人たちや親類がぞくぞくと到着していました。にもかかわらず、私は旧友たちに会いに、インドとイギリスへの旅に出発しました。すべて鎮まるまで、インド人社会から身を隠していたいという思いでいっぱいだったのです。自分の感情以外のものに対処できる状態ではなく、まず自分自身を落ち着かせる必要がありました。これからの人生は決して楽ではないと十分わかっていましたから。

第4章 真のパートナーとの出会い

香港の両親の家に戻ってからも、私は自分を社会的な〝不適格者〟だと感じていたので、インド人社会には戻りたくありませんでした。そこで、自立するために仕事に就こうと決めました。「仕事が決まったわ！」ある日、私は家の中に飛び込むなり、大声で叫びました。その時、父はお気に入りのひじ掛け椅子に座って、夕方のニュースを見ていました。

私の友人の一人が、自分の職場で欠員があり、その仕事は私にピッタリだと教えてくれたのです。彼女の勤める会社はフランス系のアクセサリー会社で、アジア全体で商品販売をしていました。その仕事内容は、おもに商品PRと卸売を行い、販売マネージャーを補佐するというもので、近隣都市への出張も含まれていました。私は営業や販売にはあまり興味はなかったのですが、旅の可能性と自立のチャンスにワクワクしたのです。

「よくやったね、アニータ！　おまえなら大丈夫とわかっていたよ」父は私のほうを見て、誇らしげに微笑みました。「それで、どんな仕事なんだい？　いつから始めるんだ？　誰が上司で、仕事の内容は？」

「来月一日から始めるの。とてもワクワクするわ。販売マネージャーの補佐をして、販売実績を部長に報告するの。すごく将来性のある仕事なのよ。彼の目標額達成のお手伝いをして、実力を認められれば、一人で担当する受け持ち区域がもらえるの」

「それはどういう意味だい？」父はあまり嬉しそうではありませんでした。

「つまり、いろいろな場所を旅できるかもしれないってことよ」

「アニータ、仕事が決まったのはとても嬉しいけれど、これは結婚するまでのことなんだよ。おまえが仕事にのめり込み、自立しすぎて結婚できなくなってほしくないんだ。お父さんもお母さんも、おまえが自分にピッタリの相手を見つけてくれるよう願っているんだから」

「パパ、水を差すようなことは言わないで。仕事が決まってとてもワクワクしているのに！」

「わかっているよ。まあ、これからのことはわからないしな。最近は、妻が働くのを嫌がらないご主人もいることだし……。ただ、将来の夫がおまえの仕事や旅行に賛成しなかった時、がっかりする姿を見たくないだけだ。でも、おまえの言うとおりだ。今から将来のことを心配するのはやめにしよう。今日は、おまえの仕事が決まったことをみんなでお祝いしないとな」

「ママはどこ？　早くこのことを知らせたいの。それから、二人を夕食に招待するわ。私のおごりよ！」私は部屋を飛び出て、アヌープに電話をかけ、この嬉しい知らせを伝えました。

ようやく、物事が良い方向へと動き始めた気がしました。私は、経済的にも、社会的にも自立を手に入れようとしていたのです。

その後も、両親はお見合いをさせようとしましたが、それはまったく無駄な努力だと彼らもだんだん気づき始めました。

両親の努力を見ていると、私は少しイライラしました。というのも、インド人社会の中で、私は模範的な女性だとは見られておらず、婚約破棄のせいで評判は傷つけられてしまったことを両親がまだ理解していなかったからです。私はインド人社会の人たちが、自分のことを勝気で、反抗的で、理想主義で、強情で、頑固だと思っており、そのすべてが女性として望ましくない性質だと考えていることを十分わかっていました。それにもかかわらず、両親は、私にふさわしい人を紹介しさえすれば、私が相手のために変わろうと努力して、もっと家庭的な女性になれるかもしれないと希望を抱いていたのです。

そうしている間に、フランス系企業での仕事が始まり、近隣都市へ出張もするようになりました。私は香港で両親と暮らしていましたが、出張のおかげである程度の自由や自立が手に入り、それを楽しんでいました。それはまた、ありとあらゆる階層の人々と出会うチャンスを与えてくれ、私は再び人生に対する満足感を抱き始めていました。事実、インド人社会の外では、私は幸せで、人気があり、成功していました。私は、この生活が大好きでした。人間関係や仕事や旅のすべてに満足していて、伝統的なインド人の妻の役割にはまったく魅力を感じませんでした。それは、自分の心から一番離れたところにあり、そのために自分が持っているものをあきらめることなど考えられなかったのです。ですから、いまだにお見合い相手を探そうとしている両親をどうにか思いとどまらせようとしていました。

でも、心の奥では、自分が不適格者であるという思いをいつも抱いていました。自分はみんなから期待されている水準に達することができないと感じていたのです。その声がどこまでもうるさくつきまとい、私は決して十分ではなく、価値のない人物なのだと思い出させました。どういうわけか、私は傷ものか、欠陥品のようになってしまっていたのです。

一九九二年も終わりに近づいた頃、まったく思いもよらずに、私は将来の夫となる男性に出会いました。最初は、彼が自分にピッタリの人だとは思いもしませんでした。私たちは、共通の知人を通して、ある夜、まさに偶然に出会ったのです。

「ダニー・ムアジャーニって男性を知ってる?」ナイナが職場に電話をしてきて、尋ねました。私は、週末の締め切りに間に合うように、一週間の販売報告書を作成している最中でした。ナイナは香港訪問中の友人で、その夜、飲みに行くことになっていました。

「いいえ、会ったことがないわ。どうしてそんなこと聞くの？　その人は何者？」

「去年、ニューヨークに行った時に出会ったの。とてもいかすシンド族の男性よ。彼は香港に住んでいるらしいわ。一度も会ったことがないなんて驚きね」と彼女は言いました。

「私のことはよくご存知でしょう。インド人社会は避けているの。特に、〝あの出来事〟以降はね。私が会ったことのないシンド族の人は、香港にたくさんいるはずよ。だから驚くようなことじゃないわ」

「でも、今晩、彼に会うことになるわよ。彼の連絡先を調べて、今夜一緒に飲もうって誘ったんだもの」

その夜、街の中心にあるしゃれたバー・ラウンジのクラブ97に入っていった時、私はすぐにその男性がわかりました。彼はマルーン色のタートルネックと黒のズボンで、一人くつろいだ様子で立っていました。私たちが入ってくるのに気づき、ナイナに挨拶をしようとそこで待っていたのでしょう。彼の視線が私の一挙一動を追いかけているのがわかり、ナイナが挨拶した時でさえ、彼は私から目をそらしませんでした。お互いの目があった瞬間、私はずっと前から知っているような衝撃を受け、彼もまったく同じように感じているとわかりました。そして、私たちは話を始めたのです。

私たちは、とても多くのことで心が通じ合いました。その夜、電話番号を交換し、なんと翌日すぐに彼は電話をくれて、二人で夕食に出かけたのです。彼はとてもロマンチストで、花束をプレゼントしてくれ、すばらしいレストランに連れて行ってくれました。ジミーズ・キッチンというレストランですが、そこは今でも私たちのお気に入りの場所です。

しかし、だんだん親しくなるにつれて、彼から離れようとしている自分に気づきました。自分の直感を信じることができなかったのです。彼と一緒にいると、夢を見ているように幸せでした。そんなふうに感じたことはこれまで一度もなく、そのせいでなおさら怖くなりました。彼はシンド族でしたから……。私は、インド人社会の男性とは関わりたくありませんでした。少なくとも今は。いいえ、おそらく永遠に。

インド人社会の中で結婚するとは、相手の家族全体と縁組をすることだとわかっていました。二人が結婚するのではなく、二つの家族が結婚するのです。私は、また自分が後悔するようなことに足を踏み入れるのではないかと恐れていました。インド人社会をよく知っていたので、彼の家族が自分のことをどう思うか、怖くてなりませんでした。また同じような状況になるのだろうか？　彼の家族は、私の過去について知っているのだろうか？　婚約破棄のことを知っても、私を受け入れてくれるだろうか？　彼が、ほとんどのインド人男性と同じような妻への期待を持っていないと、どうして言い切れるだろうか？　もう二度と傷つきたくない、それに他の誰も傷つけたくない……。

でも、ダニーはとても辛抱強く、私に十分な時間を与えてくれました。そのことにはとても感謝しています。彼の存在がとても愛おしく思われ、これまで経験したことのない大きな愛を感じました。自分の心と頭の間で葛藤がありましたが、結局心が勝利したのです。

お互いに親交を深めていくにつれて、ダニーは、自分にとても似ているとわかりました。彼も香港で育ち、ブリティッシュ・スクールで教育を受けたため、自分の文化にあまりなじめずにいました。彼は、インド人社会の習慣の多くを受け入れておらず、特に女性や結婚についての考え方には賛成ではなかったのです。彼はいつも、私に対して寛大でオープンに愛情を示してくれました。彼の愛は純粋で、無条件に愛されているように感じました。私は生まれて初めて、男性のために自分を変えなくてはならないというプレッシャーから解放されたのです。

ダニーはすばらしいユーモアの持ち主で、とても魅力的でした。彼はよく笑い、それは人にも伝染し、私たちのデートはいつもとても楽しいものでした。彼は、いつ私に電話をし、何を話すべきか、正確にわかっているようでした。さらに、優しさの中にも強さと説得力があり、そんなところが私は大好きでした。

それにもかかわらず、彼が私の性格の欠点を知るのは時間の問題だという思いから逃れられませんでした。そうなれば、すぐに私に失望してしまうだろうと恐れていたのです。

でも、そんな心配は必要ありませんでした。ダニーは、私に対して揺るぎない愛情を抱いていたのです。彼は、私の声を聞くためだけに電話をくれ、特別な日にはお花や贈り物をおくってくれました。他の多くの男性とは異なり、私の独立心にあふれた性格を愛してくれたのです。そして、私の興味や夢や希望を聞いてあきれるのではなく、お見合いをさせようとする両親の試みをうまくかわした話が面白いと言ってくれました。私のすべてを魅力的だと思ってくれたのです。彼は、ありのままの私に、心から興味を持ってくれました。自分が受け入れられたという感覚は私にとってまったく初めてで、すばらしいものでした。

ダニーは大学ではビジネスを専攻していました。インド人社会ではよくあることですが、父親が会社を持っており、一人息子だった彼は卒業後はその会社に勤めていました。

当時、私は仕事で国外へも旅していましたが、ダニーにもよく出張があったので、私の予定に合わせて計画してくれ、時々、旅先の滞在地でも彼の笑顔に出会うことができました。

ある夜、香港島で私の大好きなビーチの一つディープウォーターベイを一緒に歩いていた時、何気なく、ダニーに私の婚約破棄とインド人社会での噂について知っているか尋ねてみました。ずっと尋ねるのが怖くて、一度も触れたことのない話題でした。もし聞いたことがなかったとしたら彼が一体どう感じるか、見当もつきませんでした。

「ああ、君に出会った頃からそのことは知っていたよ。インド人社会のことだから、おそらく僕が耳にしたのは、たくさん尾ひれがついて十倍は大げさになった話だと思うよ」

「それを聞いて、あなたはどう感じたの？」私は、彼が何と言うか少し心配でした。

「本当のことを聞く準備はできているかい？」彼は口元に笑みを浮かべて言いました。

「ええ、私は大丈夫だから、真実を教えて」私は答えを聞く心構えをしました。

「そうだなあ、君がしたことを聞いた時、最初に思ったのは……〝そうだ、僕が結婚したいのはそんな女性だ、自分の考えをしっかり持っている人だ！〟ということだよ」

私は心から安堵して、満面の笑みを浮かべました。そしてこう言ったのです。「それなら、私がチャパティを上手に作れることには魅力を感じなかったの？」

「おいおい、僕の才能を見くびらないでくれよ！　僕はチャパティを作るのがすごく上手なんだ。それだけじゃなくて、窓ふきも、トイレ掃除も、洗濯もするよ」

これを聞いて、私は大笑いしました。二人で砂の上に倒れ込み、涙が流れるほど笑いました。ありとあらゆることを一緒に笑ったのです。

笑いがおさまった時、彼は私の前にひざまずき、私たちは見つめ合いました。そして彼は、私の両手をとってこう言ったのです。「初めて会った日から、ずっと言いたかったんだ。アニータ、僕と結婚してくれるかい？」

その瞬間、彼が自分にピッタリの相手だと確信しました。私はようやくソウルメイトを見つけたのです。

一九九五年三月十七日、ダニーのプロポーズからちょうど二ヶ月後、思いもしなかったことが起こりました。電話が鳴った時、私は時計を見ようとベッドで身体の向きを変えました。

「何事かしら？ まだ朝の五時十五分なのに」受話器を取りながら、そう思いました。けれど、すぐに、それが良い知らせでないと感じたのです。

「アニータ、あなたなの？」私が口を開く前に、電話の向こうから母の泣き声が聞こえました。

「ええ、私よ、ママ。一体どうしたの？」私の中に不安が駆け巡りました。胸がドキドキし、受話器を通してやってくる知らせを恐れている自分がいました。その一方で、何が起こったのか早く知りたい自分もいました。

「お父さんが、今朝、目を覚まさなかったの……。眠りながら逝ってしまったのよ」母は涙声で告げました。

数ヶ月前、父の健康状態が悪くなり始めた時、両親はインドに行ってアーユルヴェーダの治療を受けることを決めました。私は、父が結婚式までに元気になって、結婚のパーティーで一緒にダンスを踊ってくれることを願っていたのです。その父が亡くなったなんて信じられませんでした。私は涙をぬぐいながら、大急ぎで荷造りし、目に入るものすべてをスーツケースに放り込みました。兄はすぐに、インドのプーナ（ムンバイからおよそ四時間の都市）行きのフライトを二人分手配しました。

私のインドへの旅は父のお葬式でした。その時のことはぼんやりとしか覚えていません。でも、美しいほうろう引きの骨壺に入れた父の遺灰を持って、プーナの東にあるアーランディという聖なる街を流れる、インドラヤニ川へ行った日のことは決して忘れません。私たちは、僧侶に言われた通り、一日の〝善き時間〟に広い川を見下ろす岩壁に立っていました。兄が骨壺のふたを開けて、ゆっくりと傾けると、遺灰はそよ風にのって川の水面に撒かれました。私たちは、頬に涙を伝わせながら、川が遺灰を運び去る様子をじっと眺めていました。ああ、どうして、このすばらしい男性にお別れが言えるというのでしょう……。

「パパ、愛するパパ！　心配ばかりかけて本当にごめんなさい」そう父にささやき、両手を合わせて祈りながらその場に立ちつくしていました。

「私は結婚するのに、パパは聖なる炎の周りを歩く私の姿を見てくれないの？　パパは、ずっとその日を楽しみにしていたのに……。どうして私を置いて行ってしまったの？」父の遺灰を飲み込んでいく川に向かってそう尋ねながら、涙がとめどもなく流れ落ちました。

それからの数ヶ月は、楽しくもあり、またつらくもありました。私たち家族は、父の死を悲しみながら、来たるべき祝い事の打ち合わせをしていました。母は、楽しみにする結婚式があってほっとしているようでした。そのおかげで、とてもつらく悲しい時間が少しは明るくなり、さらに、その準備に打ち込むことで気が紛れたからです。

けれど、私たち家族はみんな、父がいないことを寂しく感じていました。父にとってあれほど大切だったお祝いの日に、彼のいないことが、私たちはとても悲しかったのです。私が結婚するのを見ることが、父の人生の使命のようでもありました。だから、せめて私の婚約を見届け、その時父がとても幸せそうだったことを思い出して、自分を慰めました。まるで父は、心の荷を軽くして、旅立っていったように思えました。

ダニーの両親とともに、私たちは、結婚式を行うための〝善き日〟について、僧侶に相談に行きました。父の死の悲しみが癒えず、まだお祝いできる心の状態ではなかったので、式は年の終わりのほうにしたいと告げました。僧侶は、聖なる暦を調べ、私たちの誕生日を考慮したあと、一九九五年十二月六日が〝善き日〟だと告げました。

それを聞いた時は、ずいぶん先のことのように思えました。でも、結婚式場を決め、結婚式用のサリーを注文し、招待状を作成し、インド式の結婚式を行うための山のような準備を進めていくうちに、時間は飛ぶように過ぎていきました。

母は、父の死のことを考えないように、結婚式の準備に精力を注ぎ、結婚式で着るサリーと、それに関連する行事用の衣装を選ぶことに喜びを感じていました。結婚式用に、母は、目の覚めるようなブロンズ色のレースのサリーを、入籍をする人前結婚式用には、見事な金色の糸を織り込んだ白のサリーを選んでくれました。

一九九五年十二月六日、私はダニーと結婚しました。結婚式は、お祭りが一週間も続くインド式の盛大なものでした。香港カントリークラブの芝生の上、満天の星空のもとで行われる儀式やお祝いに出席しようと、世界中から友人や親戚たちがやってきました。式場となったその場所からは、私たち二人のお気に入りだったディープウォーターベイを見下ろすことができました。

結婚式の数ヶ月前、式場についてダニーと話し合っていた時、私は半分冗談で、「あなたがプロポーズしてくれたビーチで結婚できたらすばらしいわね」と言いました。

そのアイディアをちょっと検討してみましたが、ハイヒールの女性客は砂の上だと大変だろうと思い、すぐにあきらめました。それから、ディープウォーターベイの岩礁の上に香港カントリークラブがあることを思い出したのです。そこには、ダニーがプロポーズしてくれたビーチを見渡せる、だだっ広い芝生がありました。その瞬間、私たちは、それこそパーティーにピッタリの場所だと決めたのです。

それは美しい夜でした。気持ちのいい夜風の中、インドの結婚式の音楽が響き渡っていました。ダニーと私は、手に手をとって、二人の絆を確認するため聖なる炎の周りを歩き、僧侶は、サンスクリット語で結婚の誓願を唱えました。ダニーは、豪華な結婚式の衣装を着て、頭にターバンを巻き、私の横でとてもハンサムで立派に見えました。私は、母が選んでくれたブロンズ色のレースのサリーを着て、その端は頭からゆったりと垂れ、髪にはジャスミンの花が編み込まれていました。インドの花嫁の伝統的な習慣として、両手両足には、ヘンナ染料で繊細なペイズリー柄が描かれていました。

二人で炎の周りを歩きながら、私はずっと自分の家族の顔を眺めていました。母と兄が父のことを恋しがり、この特別な夜に一緒にいてほしかったと思っているのが痛いほど伝わってきました。

結婚式の儀式に続き、大々的なお祝いのパーティーが催され、たくさんの料理や飲み物が振舞われ、音楽やダンスで大いに盛り上がりました。ようやくすべての行事が終わったあと、ダニーと私はその夜過ごすホテルの部屋に戻りました。二人ともへとへとでしたが、まだ興奮が冷めずにいました。これから一生、私が一緒にいたいのはこの男性だとわかっていました。私たち二人はずっと幸せに暮らすはずでした……。

第5章　癌の宣告

数年が経ち、ダニーと私は二人の生活を築き上げていました。彼は父親の会社を辞めて、多国籍企業のマーケティングと営業部門で仕事を始めました。私たちは、街の中心にあった彼の独身時代の住まいから、静かな郊外の心地よいアパートへ引っ越し、コスモという犬を飼いました。

兄は、私が結婚してまもなく香港からインドへ移り、そこで商売を始めることに決めました。というのも、香港は大不況で、インドのほうがチャンスがあると判断したからです。彼と妻のモナ、よちよち歩きだった息子のシャーンはインドに移住しました。まもなく、母も彼らのあとを追ってインドへ行ってしまい、これまで家族と別々の国に住んだことが一度もなかった私は、とても寂しくなりました。

さらに悪いことに、勤めていたフランス系企業の売り上げが不況のために激減し、私は仕事を失ってしまいました。それは思いがけずにやってきたので、香港に一人残されたストレスと寂しさに追い打ちをかけ、気持ちがひどく動揺しました。

加えて、その頃インド人社会や同世代の仲間からの、子どもを産むようにというプレッシャーも感じていました。でも私は、仕事や旅や世界中を見て歩くことのほうにずっと興味があったのです。

ようやく私は、リロケーションの会社でフリーランスの仕事を見つけました。仕事は、香港に来たばかりの外国人が現地での生活に溶け込めるように手助けすることでした。フルタイムではなかったので、束縛の少ないことが気に入りました。

私はまだ子どもを持つ準備ができていませんでした。でも、インド人社会では、結婚したらすぐに子どもを産むことを期待されるのです。私は、外部からの期待と自分が本当に望むものとの間で引き裂かれている感じがしました。友人と一緒にいても、彼らと同じものを望んでいないので、自分は不適格者だと感じることがありました。

インド人社会の人たちは、女性が子どもを産むには年齢的限界があるということばかりを思い出させようとしました。それは、すでに私の中にあった恐れ――つまり、自分が女の子だから面倒をかけるという不安から始まり、どこに行ってもふさわしくないので自分は間違っているという気持ちまで――をますますあおったのです。「本当に子どもがほしければ、いつでも養子を迎えればいいんだ。世界中に、育ててくれる家庭を必要とする恵まれない子どもたちがたくさんいるんだから。そうすれば、自分の体内時計のことを心配する必要もないんだわ」と考えていたのを思い出します。

ダニーとは、このことについて真剣に話し合いました。そして二人とも、養子という選択肢は理にかなうと合意しました。それは、自分の身体の奴隷にならなければいけないプレッシャーを取り除いてくれましたが、インド人社会でそのことを口に出すたびに、私はいつも否定的な反応を受け取りました。一番多かったのは、「子どもが産めないの？　まあ、可哀そうに……」というものでした。再び、〝期待に添えない〟という昔の恐れが、私の中でむくむくと頭をもたげ始めたのです。でも、まもなくして、その問題に注意を向けることもなくなりました。

二〇〇一年の夏、親友のソニが癌と診断されたのです。その知らせを聞いて、私はものすごいショックを受けました。ある日ソニは、呼吸がちょっと苦しかったので検査に行ったところ、胸部に大きな腫瘍があって、肺を圧迫しているとわかりました。私は、彼女にそんなことが起こるなんて信じられませんでした。ソニは、若く、丈夫で、元気にあふれていて、彼女にはたくさんの生きがいがあったのです。医師は、すぐにソニを入院させて、腫瘍を取り除く手術をし、そのあと放射線治療と抗がん剤治療をすると告げました。

ソニの診断から数ヶ月後、私たちは、ダニーの義理の弟（彼の妹の夫）が、癌と診断されたことを知りました。

二人とも私と年齢が近かったので、このニュースは強い恐怖感を植えつけ、私は癌の原因や治療法など、あらゆることを調べ始めました。最初は、二人を助けたいという一心からでした。ソニのそばにいて、癌との闘いを助けたいと思ったのです。けれど、病気について知れば知るほど、その原因となるかもしれないありとあらゆるものについての恐怖感が増していきました。やがて私は、すべてのものが癌を生み出すと信じるようになったのです。殺虫剤、電子レンジ、防腐剤、遺伝子組み換え食品、太陽の日差し、空気汚染、プラスチック容器、携帯電話などすべてです。このリストはどんどん増えていき、しまいには、人生そのものまで恐れ始めました。

二〇〇二年四月二十六日、その日のことは、おそらくダニーも私も決して忘れることはないでしょう。まるで死の扉をくぐるように、私たちはおどおどと病院へ入っていきました。恐怖感が忍び込み、いたるところでショックが待ち構えていると警告していました。それは金曜日の夕方で、帰宅前にバーやパブで一杯飲もうと、みんなが一斉にオフィスから帰り始める中、私たちはその混雑をかき分けて歩きました。オレンジ色の太陽が港の向こうに沈んでいきながら、活気に満ちた大都市のガラスの摩天楼に赤々とした輝きを投げかけている景色にも、ほとんど気がつきませんでした。その日、私たちは、医師から私の検査結果を聞くことになっていたのです。

数日前、私は、左肩の鎖骨のちょっと上あたりにこぶのようなものを見つけました。その時は無視することにし、単なるのう胞か腫れものに違いないと思うことにしました。けれど、心の奥では死の予言者が、忌々しい小さな声で、もっと深刻な問題だと何度も繰り返し、そう信じ込ませようとしました。

その数ヶ月前、涙ながらに、私は友人のソニを見舞っていました。癌と診断されてから一年経ち、病院のベッドで彼女は死にかけていました。恐ろしさと悲しみの中で、最先端の医療でさえ飼いならせない獣に、生きながらむしばまれていく彼女の身体を、ただ眺めていたのです。そのような恐ろしいことが自分にも起こっているとは考えられませんでした。それでも、首のつけ根にあるこぶは私にその可能性を直視させ、検査を受けるように強要したのです。私は生体組織検査（生検）をし、その日、検査結果を聞く予定になっていました。

医師は落ち着いた優しい態度で結果を告げました。「あなたの病気はリンパ腫でした。つまり、リンパ系の癌です」

彼が〝癌〟という言葉を口にした瞬間から、私は医師の話がほとんど聞こえなくなりました。まるで水中から声が聞こえてくるようでした。私はクリニックの窓からの景色をじっと眺めていました。外の風景に何も変わりはなく、太陽はその旅を続け、湾の向こうにゆっくり沈もうとしていました。摩天楼は、くすんだオレンジ色と琥珀色に輝いていました。人々は嬉々として、週末前のハッピーアワーを楽しもうとしていました。それなのに、自分の身体に起こっている現実を知ったことで、私の世界はアッという間に一変してしまったのです。

気持ちを察するように、医師は、今後の治療法の選択肢について説明してくれました。「あなたがどんな決断をなさろうと、どの治療法を選択しようと、私がお手伝いします。でもまず最初に、癌のステージを決めるために、月曜日の朝、MRIをとりましょう。その検査のあと、もう一度ここにいらっしゃってください。検査結果についてお話しします」

頭の中で、彼の声はくぐもったどよめきにしか聞こえず、私はそのアドバイスを脇へ押しやりました。医師は、リラックスして週末を楽しむようにと言ってくれたそうですが、私にはほとんど聞こえませんでした。

恐怖感が理性と激しくぶつかり合い、ダニーと私は何も考えられませんでした。そして、とうとう二人とも考えることを放棄しました。癌について、選択肢について、死についてなど考えたくなかったのです。私は、いつもと変わらぬ世界を自分のそばに引き寄せ、現状から逃げ出したいと思いました。恐ろしすぎて、頭がくらくらし、混乱してしまい、選択肢について本当に考えることができなかったのです。幸い、月曜日の朝まで、何の決断もする必要はありませんでした。

頭が茫然とし、質問したいことは山ほどありましたが、ダニーは、外出してしばし現実のことは忘れようと提案しました。病院から帰宅すると、私はお気に入りの赤い珊瑚色のワンピースに着替えました。夫は、きれいに身支度した私を抱きしめてくれ、こうささやきました。「大丈夫だよ。

僕がずっとついているから」

その夜、私たちは、現実から逃避しました。少なくとも、ほんのしばらくの間は……。

私のお気に入りだった野外レストランのエルシドへ出かけ、星空の下で食事を楽しみました。それは、香港島の南側にあるスタンレーベイの海沿いにありました。美しい満月の夜で、やわらかな海風がそよいでいました。テーブルからテーブルへとセレナーデを演奏してまわる楽団の音楽を、優しい波の音が一層引き立てていました。完璧な夜にしようと、楽団にチップを渡して、私たちのテーブルでお気に入りの歌を何曲も演奏してもらいました。サングリアが身体中を巡り、大好きな音楽に酔いしれ、私たちは外の世界のことを忘れ去ったのです。

翌朝、私はダニーの腕の中で丸くなって目覚めました。彼のそばに寄り添い、現実世界から遠ざかっているのはすばらしい気分でした。医師のところへ行ったことは悪夢であってほしいと願いました。けれど、胸が悪くなるような現実をすぐに思い出しました。私にはまだ癌があり、それを知ったという事実からは逃れられませんでした。どうやって、自分の身体のことを忘れられるというのでしょう？

自分の心というのはいかにうまくだませるものか、ということに私は驚いていました。土曜日の午後になっても、私は自分が癌だと診断されたことを誰にも知らせようとはしませんでした。誰も知らなければ、自分も病気に向き合う必要がないと思ったのです。少なくとも心の中では、そうやって逃避を続けました。

「君の家族に知らせなくちゃいけないね」ダニーが理性的に言いました。

「わかっているわ、でもきっと大騒ぎすると思うの。だから、もう一日だけ静かで平和な時間を過ごしていい？」私はそう頼みました。

ところが、その日の午後、母から電話があり、生体検査の結果について連絡がないけれどどうなったのかと尋ねられたのです。ダニーは検査結果を母に伝えてしまいました。私が気づいた時には、母は香港への飛行機をすでに予約しており、兄も電話をよこして、自分も香港に行く手配をするからと言いました。

私は、二人にそれほど深刻に受け止めてほしくありませんでした。大騒ぎになるのが嫌だったのです。そうなれば、なおさら現実味を帯びてくるからです。死んだ冷たい魚を顔に投げつけられたように、彼らの愛に満ちた反応が、現実を私の目の前に突きつけました。もはや診断が真実であることから逃れる手だてはありませんでした。

月曜日、私とダニーは再び医師のもとを訪れ、治療法の選択について話し合いました。その日MRIをとり、医師は親身になって、その結果を検討していました。

「ステージⅡAです」と、彼は静かに言いました。

「どういう意味ですか？」ダニーは尋ねました。

「つまり、癌は胸部と腋下部分に広がっていますが、上半身にとどまっているということです」医師は丁寧に説明してくれました。「では、可能な治療法について考えましょう。私は、抗がん剤治療と放射線治療の組み合わせをお勧めしたいのですが」

「抗がん剤は嫌です！」私は大きな声で、宣言しました。

「でもアニータ、それが僕たちに残された治療法なんだよ」ダニーは驚いたように言いました。「だって、抗がん剤治療を受けてソニがどうなったか知っているでしょう。それにあなたの妹さんのご主人だって」

こんな会話はしたくありませんでした。すべて、このことが起きる前に戻ってほしいと思いました。私は両手で顔を覆い、頭の中の思いを振り払おうとしました。

「私があんなふうに死んでしまってもいいの？　二人ともだんだんやせ細ってきて、耐えられないほどの痛みに苦しんで……。そんな経験をしなくちゃならないなら、今すぐ死んだほうがましよ」自分の声に、ものすごい恐れがあるのを感じました。

「わかっているよ……」ダニーはそう言うと、医師の机に力なく置かれた私の手の上に優しく自分の手を重ねました。「でも、君を失いたくないんだ。ほかに何ができるって言うの？」

二人が結婚してから六年が経っていました。私たちには旅したい場所ややりたいことなどたくさんの夢があったのです。それなのに、北極の氷河が崩れていくように、私たちの夢も消えていくようでした。
自分の恐れから逃れようとして、私は彼にこう言いました。「きっとほかの方法があるわ」私は医師のほうを見て、彼の賛同を求めました。「抗がん剤治療をせずに、癌をやっつける方法があるはずよ」

その日から、ダニーと私の長い旅が始まったのです。共に手を携え、古代神話の英雄たちの仲間入りをしたように、二人の生活を奪い取ろうとしている病魔を退治すると決心し、苦しい旅を前に進もうとしていました。私たちの旅は、初めから急激な感情の浮き沈みでいっぱいでした。希望に満ちたかと思うと、一瞬にして失望し、そして恐怖感に襲われ、ついには怒りがわいてきました。

癌の診断を受ける前、私の人生で一番の恐怖は、癌になることでした。というのも、知っている多くの人たちが癌にかかっていたからです。その病気が私の親友とダニーの義弟の命を奪っていく様子を目撃しながら、自らも同じ診断結果を受け取ったということは、まさに自分の目にしてきたことを再確認するようなものでした。彼らが受けていた抗がん剤治療は、治療するべき身体を逆に破壊しているように思えたのです。私はなすすべもなく、それをただ見ているしかありませんでした。そして今、その病気は私自身を侵し始めました。それは、私たち二人の生活に侵入し、すべてを破壊しようとしていました。

病気で亡くなった愛する人たちのことを考えるたび、私はものすごい怒りと恐怖に襲われました。癌に対する恐れで締めつけられ、その力があまりにも強すぎて、喉から胃が飛び出そうなくらいでした。抗がん剤の影響を考えると、一層恐怖感が増しました。本能的に身体中の筋肉が硬直し、必死に生き残ろうとしていたのでしょう。

自分が癌の診断を受ける前、何ヶ月もの間、ソニの身体が急激に衰えていくのを見ていました。その間私は、彼女は病院にいるのだから、出かけたりして楽しい思いをしたら申し訳ないと感じていたのです。彼女が苦しんでいる時に、自分が楽しむのはいけないことのように思われました。彼女の状態が悪化していくにつれて、私自身人生を楽しむことも、罪悪感から逃れることもますます難しくなっていきました。

自分自身も癌にかかった今、友人がだんだん悪くなっていくのを見るのはさらに苦しくなり、ソニと過ごす時間は次第に減っていったのです。たとえソニに会いに行っても、もはや明るく振る舞うことはできなくなりました。そして、かつてのようにたくさんの時間を一緒に過ごすのは、どちらのためにも良くないと思うようになったのです。癌が彼女の身体をむしばんでいく様子と、効果のない治療の両方を見ているのが、怖くてたまりませんでした。同じ運命が自分を待ち構えており、それは対処不可能なものに思われて、自分の無力さを感じました。

ソニの妹から電話があり、彼女の闘いが終わったと知らされた時、私は崩れ落ち、号泣しました。彼女はとうとう私たちのもとから去ってしまったのです。

私は悲しみに打ちひしがれ、彼女が逝ってしまったことに心を痛めましたが、わずかながら、ソニがもう苦しまなくてよいことにホッとしていました。

ソニのお葬式は、私の記憶に永遠に残っていることでしょう。愛する娘を失って嘆き悲しむ両親の姿、ショックを受けた様子の兄や妹、妻を失ったことを必死に受け入れようとしながら深い悲しみに暮れるご主人の顔……私はそのすべてを今でもはっきり覚えています。でも、一番忘れられないのは、涙で顔をぐしゃぐしゃにしたソニの小さな子どもたちです。母親の棺が、火葬場の炎の中へ運ばれていくのをじっと見つめながら、ひどくおびえていました。この記憶は、おそらく私の人生における最後の日まで、絶えずつきまとうことでしょう。そして、自分の苦境に対するさまざまな感情の中に、怒りという感情が加わったのもその日でした。

さらに追い打ちをかけるように、ソニのお葬式からまもなくして、ダニーの義弟が亡くなったという知らせを受け取りました。彼も、若い妻（ダニーの妹）と二人の小さな子どもたちを残して逝ってしまったのです。

私たちが人生と呼ぶ残酷な悪ふざけに対して、私は怒りを感じていました。人生とは一体何のためにあるのか理解できなくなったのです。まるで、数年間苦しみから学び、ようやくわかってきた時には、木製の箱に入れられて炎の中へ放り込まれるだけのように思えました。人生とは、これほどあっという間に終わるべきものなのでしょうか？　すべてが無意味で、無駄なような気がしました。

第6章　救いを求めて

怒り
不安
失望
恐れ
絶望感

ソニの死後、私はこのようなさまざまな感情に襲われていました。自分の状況について問いかけ、挑戦し、怒り、絶望しながら、朝から夜まで、毎日、強烈なジェットコースターに乗っているような気分でした。これらの感情は、自分に対してだけでなく家族にも持っていました。つまり、家族が私の死に対処しなければならないことを恐れていたのです。

恐れや絶望感から、私はホリスティックな治療法についてできるかぎり調べるよう駆り立てられました。その中には、東洋のヒーリング法も含まれていました。私は自然療法の専門家に会い、さらに、さまざまな種類のヒーリング法も試みました。催眠療法、瞑想、祈り、マントラの詠唱、そして中国の薬草療法も試しました。ついにはフリーランスの仕事を辞めて、ダニーを香港に残したまま、アーユルヴェーダの治療法を試すためにインドへ渡ったのです。ダニーは仕事の都合で一緒に来ることはできませんでしたが、二度訪問してくれ、毎回二週間ずつ滞在しました。彼は私の様子を逐一知りたがり、私たちはほぼ毎日電話で話をしました。

私はヨガマスターからヨガとアーユルヴェーダについてもっと学ぶために、プーナへ行きました。そこは父が亡くなった場所でした。合計して六ヶ月間をインドで過ごし、その間に、私はやっと自分が健康を取り戻せたように感じたのです。ヨガマスターは、とても厳しい養生法を命じ、私は特殊な菜食主義と薬草療法を行うだけでなく、日の出と日の入りに、一連のヨガのポーズをすることになりました。

これを数ヶ月続けた結果、はるかに気分が良くなりました。彼はすばらしい先生で、私が癌だとは信じていませんでした。私が、医師の検査で悪性リンパ腫があるとわかったと話すと、「癌とは恐れを生み出す言葉にすぎない。その言葉のことは忘れて、自分の身体の調和を取り戻すことだけに注意を向けなさい。あらゆる病気は、調和が崩れていることの兆候だ。身体のすべてのシステムがバランスを取り戻せば、病気は消えてなくなるだろう」と言ったのです。

ヨガマスターの指導のもと、私はすばらしい時間を過ごしました。彼は、私の癌に対する恐れを和らげてくれたのです。六ヶ月経った時、彼は私の癌は治ったと確信し、私もそう信じていました。やっと癌に打ち勝ったという勝利感に酔い、早く帰国して、ダニーに会いたくてしかたありませんでした。彼のことがとても恋しく、話したいことが山ほどあったのです。

香港へ戻ると、誰もが私の回復ぶりにとても驚きました。私は身体も心もかつてなかったほど快調でしたが、その喜びは長く続きませんでした。他の人たちはすぐに、こんなに長い間私がインドで一体何をしていたのか、どうやって良くなったのか知りたがりましたが、私がアーユルヴェーダの養生法について話すと、恐怖感や否定的な反応しか返ってこなかったのです。彼らは、私の身体のことを心から心配してくれている人たちばかりだったので、その人たちが私の選択に疑いを抱いていることは、私に大きな影響を与えました。そんなやり方で癌が治るわけがないという意見に対して自分を弁護しているうちに、彼らの疑いや恐れがじわりじわりと自分の中に浸透してくるのが感じられました。

あとから思えば、その時点で、健康を取り戻すためにもう一度インドへ戻るべきでした。しかし、実際には、香港に残って、自分の選択した治療法に対する他人の懐疑心にますます影響されていったのです。

私は、香港で一般的に行われている伝統的な中国医学について理解しようとしました。ところが、それはアーユルヴェーダと対立するところが非常に多く、結果的に困惑を招くことになりました。たとえば、アーユルヴェーダでは、ベジタリアンになることが奨励されましたが、伝統的な中国医学では、肉（特に豚肉）を食べるように勧めていました。インドの考え方では、豚や牛のような肉は、最悪の食べ物だったのです。

さらに追い打ちをかけたのは、私が途方に暮れて、西洋の自然療法に助けを求めてしまったことです。これはさらなる混乱を招いただけでなく、私の恐れを増長させてしまいました。さまざまな治療法が異なる説を主張し、お互いに対立していたからです。たとえば、西洋の自然療法では、癌細胞を成長させるという理由で、砂糖と乳製品を禁止していました。一方、アーユルヴェーダでは、乳製品はなくてはならないもので、砂糖や甘い食べ物は、バランスが取れた食事の一部として必要とされていたのです。

このようにして、私は食べ物についてとても悩むようになり、何を食べるのも怖くなってしまいました。自分にとって、何が良くて何が悪いのか、まったくわからなくなってしまったのです。この混乱した状態は、すでに抑えきれないほど大きくなった恐れをさらに増幅させました。恐怖にしっかりとつかみこまれ、私は自分の健康が急速に衰えていくのを何もできずにただ眺めていました。

一人でいたいと思うことが多くなり、ごく親しい人にしか会わなくなりました。真実を見なくて済むように、現実を閉め出したかったのです。自分に対する人々の見方や接し方が耐えられませんでした。私の健康が衰えていくにつれて、人々から可哀そうだと思われ、まるで私が普通の人間ではないように優しくされるのが嫌でした。インド人社会の人たちが、癌は私のカルマだと思っていることも不愉快でした。彼らは、私が前世で、このような罰に値することをしたに違いないと思っていたのです。私自身、カルマを信じていたので、癌になったのだから前世で何か恥ずべき行いをしたのだと感じるようになりました。まるで、自分が裁きを受けているようで、一層無力感に苛まれました。

「もしこれが、私が前世でしたことに対する報いなら、どうやって変えられるのだろうか？　それに関して、今何ができるのだろう？」と考えました。そして次第に、自分にはまったく望みがないと感じるようになりました。

それでも、私は体面を繕っていました。いつも笑い、微笑みを浮かべて、したくもないおしゃべりをしていたのです。それは、自分の状態について誰にも不安や心配を与えないためでした。私の病気のせいで、他人がうろたえたり、気まずい思いをするのが嫌でした。自分よりも他人の気持ちのほうを優先させていたのです。当然ながら、多くの人たちが私のことを、とても〝勇敢〟だとか、病気に対する姿勢が立派だとほめてくれました。さらに、私はとても前向きで幸せそうだとも言われました。でも、心の中では、まったくそんなふうには感じていませんでした。

本当のことを理解してくれているのはダニーだけでした。私が実はどう感じているか、他人と一緒にいると私の神経がどんなに参っているかわかっていたので、私を守ろうとして、だんだん人々を遠ざけるようになりました。私は、自分のことで他人が悲しんだり心配したりしないように、人前ではいつも幸せで明るく振る舞う必要があると感じていました。そのせいで私はへとへとになり、病気のことばかり聞かれるので、しまいには電話に出るのもやめました。もう誰からも、私の病気に対するアドバイスをほしくありませんでした。また、私のことを心配する人たちからの絶え間ない質問に、繰り返し答えることにも疲れてしまったのです。

私は外出するのをやめて、安全な家の中に閉じこもりました。その頃は、気分が優れないだけでなく、外見も重病人のようでした。呼吸が苦しく、手足はとても細くなり、頭を上げているだけで大変でした。このような姿とそれに対する人々の言葉が、私を悩ませました。人々は軽蔑や不快感からではなく、好奇心や哀れみの気持ちで私のことを見ているのだとわかっていました。人々と目が合ったとたん、彼らは目をそむけ、当惑しているのが感じられました。かつて病人を目にした時、自分も同じだったので、人々の表情の背後にある思いがわかったのです。彼らは、私のことを気の毒がっていました。やがて、それは、私を見たり、私と話したりした人からの一般的反応なのだと受け入れられるようになりました。そして、自分の存在がそんなに他人を不愉快にさせて申し訳ないと思い始め、公の場に出るのはまったくやめてしまったのです。

私は恐れや絶望の檻の中に自分を閉じ込めてしまい、生活はだんだん狭まっていきました。時間は、知らぬ間にどんどん過ぎていきました。癌でない人が幸運に思え、健康な人をねたみました。生活状況などは関係ありませんでした。少なくとも、何の容赦もなく、私の身体や心や人生を奪い取ろうとしている悪魔に取りつかれていないのですから……。

「今日こそ、すべて好転するかもしれない」というかすかな希望を持って、毎朝目が覚めました。けれど、夕方にはいつもの重い気分に襲われ、夜には、前日よりもさらに打ちのめされた感じがしました。

幻滅して希望の光も消えてしまい、私は何のためにこれほど一生懸命闘っているのかと、自分に問い始めました。どのみち何の意味もないような気がしたのです。苦しみと恐れの中で、もはや闘病を続ける目的を見つけられず、身体も心も疲れていきました。私はすべてを放棄し、病気への敗北を認めようとしていました。

当時、私は輸血などの処置を受けるため、入退院を繰り返していました。家ではほとんど寝ているか横になってゆっくりしているかで、長時間外出したり、散歩したりはできませんでした。三十分ほど何かをするだけで、疲れを感じ、息切れしてしまうのです。急激に体重が減っていき、いつも微熱がありました。

「こんな状態でも、いつか良くなるんですか？」ある日、定例のＭＲＩを終えてすぐ、私は医師にそう尋ねました。

「身支度するお手伝いに、看護師を呼びましょう」医師は目をそらして、こう言いました。その時言おうとしなかった答えを、医師はダニーにこっそりと伝えました。

「私たちにできることは、もうわずかしかありません」病室の外に出て、ダニーと二人きりになると医師はそう告げました。彼は、夫をまっすぐに見て、話し続けました。「奥様は、長く持ってあと三ヶ月でしょう。今回のＭＲＩの結果、腫瘍は大きくなり、数も増していて、ものすごいスピードでリンパ系組織に広がっています。身体に負担が大きすぎて抗がん剤治療もできません。奥様はとても弱っているので、いかなる処置も、命を縮める結果になりかねません。本当に残念です……」

ダニーは平静を装い、医師が告げたことを私には言いませんでした（のちに教えてくれました）。でも、私は何か変だと感じていました。すでに彼は、ほとんど仕事に行っていませんでしたが、その検査の日からまったく行かなくなりました。一時も私のそばを離れようとしなかったのです。

「ねえ、私は死ぬの？」ある日、私は彼に尋ねました。

「人は誰でもいつか死ぬよ」と彼は答えました。

「ばかね、そんなことわかっているわ。癌で死ぬのかってことよ。私が死んだらどうするの？」

「そしたら、すぐに追いかけていって、君を連れ戻すよ」彼は優しくそう言うと、ベッドに横たわる私の頭をなでてくれました。

医師に最後に会ってから六週間後のことでした。その頃は呼吸がかなり苦しくなっていて、常に酸素ボンベが必要でした。身体を平らにすると体液が上がってくるので、いつも起き上がった状態でいました。横たわろうとするたびに、むせて呼吸が苦しくなり、ベッドの上で位置を変えることさえできなくなっていたのです。体中に皮膚病変ができていました。大量の毒素が身体中に回り、毒を排出するために皮膚が破れてしまったのです。

夜中には、多量の汗で何度も目が覚め、寝巻は汗でびしょぬれでした。寝汗はリンパ種の癌でよくある症状なのです。さらに、身体中を蟻が這っているように、むずがゆくてたまりませんでした。かゆさがひどく、どんなに身体をかいてもまったくおさまらない夜のことを思い出します。ダニーが冷凍庫から氷を持ってきて、ジップロック式のビニール袋に入れ、それで足や腕や身体全体をなでながら、皮膚のほてりを和らげてくれました。長い時間かけて、ようやく耐えられないかゆさがおさまりました。

夜はたいてい眠れず、ダニーにすべての世話をしてもらっていました。私が言う前に、彼は必要なことをすべて察知してくれました。私の傷口を手当てし、洗髪もしてくれました。このように世話ばかりかけて申し訳ないと思いましたが、彼は責任感や義務感でしてくれているのではないとわかっていました。彼のすべての行為は、私への純粋な愛情からだったのです。

ついに私の消化器系は、食べ物から栄養を吸収できないほど弱り、栄養失調になりました。ダニーは私の好きなチョコレートを買ってきてくれ、母も私の好物を作ってくれましたが、まったく食欲がありませんでした。ようやく飲み込んだものも私の身体は吸収できず、だんだん筋肉が衰えていき、やがて、移動は車椅子に頼らざるを得なくなったのです。私の身体は、飢饉に見舞われた国々のやせ衰えた子どもたちのように見えました。自分の頭が百三十キロもあるバーベルのように感じられ、枕から少しも持ち上げることができませんでした。

あいかわらず入退院を繰り返していましたが、病院にいる時はいつも、早く退院して家に帰りたいと思っていました。病院は冷たく重苦しい雰囲気で、実際よりも重病のように感じさせられたのです。そこで、家にいられるように、世話してくれる看護師を雇うことにしました。

その頃は、母も夫も、決して私のそばを離れませんでした。ダニーは、夜中もずっと寝ずに私の隣についていてくれました。私が呼吸をしているのを確かめ、万が一呼吸が止まったら、その時そばにいたいと思っていたのでしょう。私は咳がひどくて、ほとんど眠れない夜が続いていました。ですから、ダニーの存在には慰められ、とても感謝していました。けれど、彼の苦痛にも十分気づいていたので、この状態を続けることがだんだんつらくなってきたのです。でも、そのような苦しみは見せずに、自分は大丈夫だと家族に強がりを言っていました。

私は、母の悲痛な思いにも気づいていました。どんな母親にとっても、自分の子どもが苦しみながらだんだん弱っていく様子を見るのはもちろん、自分よりも先に死んでしまうというようなことはあってはならないとわかっていました。


二〇〇六年二月一日の朝、私はいつもより気分が良く、自分の周りのものにも目をやり始めました。空はいつもより青く、世界は美しい場所に見えました。まだ車椅子に乗って、酸素ボンベを持ち歩いていましたが、「もう頑張らなくていいんだ。すべてうまくいく」と感じながら、クリニックから帰宅したのです。

「私がいなくなっても、世界は存在し続けるんだわ。だから心配することは何もない。なぜかわからないけれど、とてもいい気分。こんな感じは本当に久しぶりだわ」と思っていました。

身体中が痛く、息をするのもつらかったので、私はすぐにベッドに入りました。痛みのせいで眠れないため、少しでも休めるようにと、看護師が帰る前にモルヒネを投与してくれました。でも、その日は何かが違っていたのです。私は、自分がくつろぎ、これまで必死にしがみついていた手を離そうとしている気がしました。これまではずっと、崖っぷちでぶら下がっているような感じだったのです。勝ち目のない闘いに挑み、一生懸命に頑張っていました。でも、とうとう私は、自分がしがみついていたものすべてを手放す準備ができたのです。そして、深い眠りへと落ちていくのを感じました。

翌日二月二日の朝、私は目を開けませんでした。顔だけでなく、腕も足も手もすべてがひどく腫れ上がっていました。ダニーは私をひと目見て、すぐに医師に電話をかけ、急いで病院へ運ぶようにと指示されました。

私は癌との闘いを終えようとしていました。

Part2

死への旅路、そして生還

第7章 身体を離れて

病院に担ぎ込まれた時、周囲の世界が夢のように幻想的に見え、意識がだんだん遠のいていきました。昏睡状態で病院に到着した私を見て、医師は助かる可能性はないと断言はしないまでも、非常に厳しい態度でした。そこは、いつも治療に通っていた病院ではありませんでした。これまで通っていたのは、本格的な病院というよりも大きめのクリニックのようなところで、このような緊急事態に対処する設備がなかったのです。近所にある小規模な医療施設で治療を受けるというのは私の選択でした。そのほうが、あまり恐ろしさを感じなくて済んだからです。私は病院が大嫌いでした。というのも、親友のソニとダニーの義弟が、二人とも大きな癌専門病院で亡くなったので、恐ろしかったのです。

しかし、その朝、私が昏睡状態に陥ったのでダニーがクリニックに電話をかけると、私の主治医は、香港で一番大きい、最新設備が整った病院に運ぶように指示しました。そこには、専門の医師チームがいるからです。ですから、この病院へ来るのも、ここの医療チームに治療を受けるのも初めてでした。

癌専門医は、私を見た瞬間、明らかにショックを受けた様子でした。「奥様の心臓はまだ動いていますが、意識はもうありません。助けるには手遅れです」と、医師はダニーに告げました。

「医師は誰のことを話しているんだろう？　私は、こんなに気分がいいのに。ママやダニーは、どうしてあんなにおびえて心配そうなの？　ママ、どうか泣かないで。何があったの？　私のせいで泣いているの？　お願い、泣かないでちょうだい。私は、大丈夫よ！」

私は大声で言っているつもりでしたが、声になりませんでした。

母を抱きしめ、慰めて、私は大丈夫だと伝えたいと思いました。なぜそれができないのか、まったく理解できませんでした。「どうして、身体が言うことをきかないの？　どうして死んだみたいに横たわっているの？　愛するダニーや母を抱きしめて、私はもう大丈夫で、痛みもまったくないと安心させたいのに……」

事態が深刻だったため、医師は直ちにもう一人のベテランの癌専門医を呼び、助けを求めました。私は臨死状態になり、これまでよりもはるかに鋭敏に、自分の周囲で起こっていることに気がついていました。身体の五感は働いていませんでしたが、それとは比べものにならないくらい、あらゆるものを鋭く感じ取ることができたのです。まるで、完全に異なる知覚が目覚めたようでした。それは、単なる知覚以上のもので、起こっていることすべてを包み込み、まるで自分がゆっくりとそのすべてと一つになっていくように感じられました。

ベテランの癌専門医は、私の全身をＭＲＩでスキャンするため、すぐに放射線室へ運ぶようにと医療チームに命じました。私の頭は枕の上に乗せられていました。すでにお話ししましたが、肺が液体でいっぱいだったので、頭を平らにすれば液体が上昇してきて窒息してしまうからです。

私は携帯用の酸素ボンベをつけていましたが、放射線室に着くと酸素マスクを外され、身体を持ち上げられて、ＭＲＩの装置の中に置かれました。すると、数秒間で息が詰まり、私はむせ始めたのです。

「酸素マスクを取らないでください。妻は平らになれないんです！　お願いです、息ができないんです。そのままにしていたら死んでしまいます！」医療チームに叫んでいるダニーの声が聞こえました。

「奥さんを平らにする必要があるんです。心配なさらないでください。できるだけ静かにやりますから。三十秒間くらいなら、酸素マスクを取っても大丈夫です」と放射線技師の一人が説明しました。

そして技師は、三十秒から四十秒おきに、酸素マスクをつけるためにＭＲＩの装置から私の身体を引き出し、それからまた中へ入れるということを繰り返しました。このために、かなり長い時間がかかってしまいました。スキャンが終わると、私は集中治療室へ運ばれました。絶対あきらめないでほしいという夫の必死の訴えに、医師チームはできるだけの処置を施しました。時間は刻々と過ぎていき、私は集中治療室で、途方に暮れる家族が見守る中、針や管を突き刺されました。

私のベッドの周囲には、両脇の患者から隔離するために、厚いカーテンが引かれていました。ダニーと母は、カーテンの外側で待っていました。

看護師たちは小走りで動き回り、死んだような私の身体を酸素タンクにつなぎ、水分やブドウ糖の点滴準備をしていました。ベッドの上にある、血圧や心拍数をチェックするモニターにもつながれました。鼻から栄養チューブを入れて胃の中に直接栄養を送り込み、人工呼吸器によって、酸素を供給されていました。栄養チューブがなかなか入らず、喉の筋肉を麻痺させるスプレーをかけて、なんとか胃の中まで入れることができました。

人々がやってくるたびに、それが誰で、何をしているのかわかりました。目を閉じていたのですが、自分の周囲で起こっていることだけでなく、それ以外のことも詳細にわかる気がしました。私の知覚は、今までよりもはるかに鋭くなっていました。あらゆることがわかり、理解できるようでした。それも、実際に起こっている出来事だけでなく、みんなが感じていることについてもです。まるで、一人ひとりの中を見通して、感じられるようでした。そして、私の現状に対する彼らの恐れや絶望やあきらめがひしひしと伝わってきたのです。

「ダニー、ママ、なんて悲しそうで、おびえているの……。私はもう苦しくないのよ。そう伝えられたらいいのに……。ママ、お願いよ、泣かないで。私はここにいるのよ。ママのすぐそばに！」

私は、周囲で起こっていることに十分気がついていました。あらゆることが同時に起こっているようでしたが、自分が何かに注意を向けると、それが瞬時にクリアに感じ取れました。

「血管が見つかりません！」看護師の一人が慌てふためいたように担当医師に告げるのが聞こえました。その声は恐怖感に満ちていました。

「血管が確保できません。手足の細さを見てください、もう骨だけです。しばらく栄養をとっていないんですよ」これは、男性の看護師の声でした。

「まるでもう希望はないような言い方だわ。きっと助からないと思っているんだ。それも当然だわ……」と私は思いました。

「肺が液体でいっぱいだ。少しでも楽に呼吸できるように、水を抜かないと」ベテランの癌専門医が言いました。医師たちが私の身体に対して懸命に処置を施している様子を、私はじっと眺めていました。私の身体はとても小さく見え、その瞬間私が感じていたものをすべて入れるのは、不可能に思えました。

医師チームはものすごいスピードで処置を行い、そこには緊迫感が漂っていました。同時に、私の運命を変えるには遅すぎたことを認めるような空気もありました。私はあらゆる細部にまで気がついていましたが、私の身体は何も感じていませんでした。そこにあるのは、大きな解放感とこれまでになかった自由の感覚だけだったのです。

「まあ、なんてすばらしいの！　すごく自由で軽いわ。何が起こったのかしら？　こんなに気分がいいのは初めて。もうチューブも車椅子も必要ないわ。誰の助けがなくても自由に歩き回れるし、呼吸も全然苦しくない。本当にすごいわ！」

私は、病院のベッドに死んだように横たわっている自分の身体に対して、何の愛着も感じていませんでした。それは自分のもののようには思えませんでした。今、私が体験していることに比べれば、あまりにも小さく、つまらないものに見えたのです。私は、自由で、解放された、とてもすばらしい気分でした。苦しみや痛みや悲しみも、すべて消えていました。もう何も私を妨げるものはなく、こんなふうに感じたことは、人生で一度もありませんでした。

癌にかかってからの四年間は、まるで自分の身体の囚人のようでした。けれど、やっとそれから解放されたのです。私は初めて自由を味わっていました。無重力みたいに、自分がどこでも行けることに気づき、それが普通のことのように感じられました。まるで、これが物事を認識する本当のやり方にも思えました。夫と医師が、集中治療室から十二メートルも離れた廊下で話しているのに気づきましたが、それも不思議には思いませんでした。

「残念ですが、もう奥様のためにできることは何もありません。奥様の臓器はすでに機能を停止しました。レモン大の癌が、頭蓋骨から下腹部まで、すべてのリンパ系組織に広がっています。肺だけでなく、脳も液体でいっぱいです。癌による皮膚病変も見られます。おそらく今晩が山でしょう」医師はダニーに、そう告げました。私が会ったことのない医師でした。

ダニーの顔に苦悩の表情が浮かんでいくのを目にし、私は彼に向かって叫びたくてたまりませんでした。「ダニー、私は大丈夫。だから心配しないで。お医者さんの言うことは聞かないで。それは真実じゃないわ!」でも、私には何もできませんでした。彼には私の言葉が聞こえなかったのです。

「妻を失いたくないんです。まだその準備ができていないんです」ダニーは医師に訴えました。自分の身体に対して何の愛着もありませんでしたが、ぐったりとした身体の周囲で起こっているドラマに、強く感情を揺さぶられました。何よりも、私を失う絶望感に苦しむダニーを、少しでも楽にしてあげたかったのです。

「ダニー、私の声が聞こえる? お願いだから、聞いてちょうだい。私はもう大丈夫だって知ってほしいの!」

周囲で起こっている感情的なドラマに入り込もうとすると、より大きな力が働いて、そこから引き離されるような感じがしました。まるでもっと壮大な計画が展開しているかのようでした。

引き離されていくにつれて、すべてが完璧であり、計画通りに進んでいると理解できたのです。

　周囲の状況から感情が離れていくと、自分がすべての空間を満たすほど拡大し続けていること に気づきました。それは、私と他のすべてのものが一つになるまで続きました。私はあらゆるものを包み込み……いえ、あらゆるもの、そしてあらゆる人になりました。家族と医師の間で交わされている会話の一語一句がわかりました。彼らが病室からずいぶん離れた場所にいたにもかかわらず、わかったのです。夫の顔からは恐怖感が見てとれ、まるでその瞬間私が夫になったかのように、彼の恐れが感じられました。

　その時初めて、私は兄のアヌープにも気づきました。彼は私に会うために飛行機に乗っていて、まだ何千キロも離れたところにいました。彼の心配そうな様子を見て、再び私は、自分が物質世界の感情的なドラマに引き込まれるのを感じました。

「まあ、アヌープだわ。飛行機に乗っている。どうしてそんなに不安そうなの？　私に会うため香港に来るみたい」

　早く私のところへ行きたいという切迫感が伝わってきたのを覚えています。彼に対して、とても強い感情がほとばしりました。

「可哀そうなアヌープ……。私のことが心配で、なんとか死ぬ前に会いたいんだわ。大丈夫よ、アヌープ。私はここで待っているわ。だから急ぐ必要はないのよ。もう痛くも苦しくもないんだから」

私は手を伸ばし、彼を抱きしめて、自分は大丈夫だと安心させてあげたいと思いました。でも、なぜかわかりませんが、そうすることはできませんでした。

「アヌープ、私はここよ！」

彼の到着まで、私の身体が死なないでほしいと思いました。もしそうなれば、彼がどんなに苦しむかわかっていたので、そんな目にあわせたくなかったのです。

でも、兄に対する愛情が大きくなり、妹の死の苦しみを経験させたくないという思いが強くなった時、また大きな力によって、その感情から引き離されていくのがわかりました。自分の感情に支配され始めると、自分が拡大していき、すべての愛着が消えていくようでした。そして再び、より大きなタペストリーが存在するという安堵感に包まれ、すべては壮大な計画通りになっているという実感したのです。

さらに遠くへ広がっていくにつれて、この超自然的な状態がおかしいものには感じられなくなりました。実際、それが普通ではないという意識はまったくなく、ごく自然なものに思えたのです。私は、自分に施されているあらゆる処置の細部にまで十分気づいていましたが、外見上は、昏睡状態に見えていました。

私は、どんどん外へと広がっていき、周囲の物理的環境から引き離されていくのを感じました。そこにはもはや空間や時間の拘束はなく、どんどん拡大し続けて、より大きな意識と一つになっていくようでした。身体を持っていた時には体験したことのない、自由や解放感がありました。それは、歓喜や幸福が散りばめられた、至福感としか言いようのないものでした。病気で死にかけている身体からの解放、そして、病気による苦痛や痛みから自由になった喜びから生じたのでしょう。

向こう側の世界に深く入っていき、拡大しながらすべての人やものと一つになるにつれて、愛する人たちや周囲の状況への愛着がゆっくりと消えていきました。その間、すばらしい〝無条件の愛〟としか表現できないものが私を取り囲み、しっかりと包んでくれたのです。でも、その感覚は、〝無条件の愛〟という言葉では十分に表せるものではありません。それはあまりにも乱用されすぎて、言葉の持つ強烈さが失われているからです。ともあれ、長い身体的闘いからやっと解放された私は、この自由というすばらしい体験を楽しんでいました。

それは、身体的にどこか別の場所へ行ったというよりも、むしろ目覚めたような感覚でした。おそらく、悪夢からやっと目覚めたのかもしれません。私の魂は、その真のすばらしさをやっと悟ったのです。それは次第に、私の身体や物質世界を超えて遠くへと広がっていき、この世の存在だけでなく、時間や空間を超えた別の領域までも広がり、同時にその一部になりました。

愛、喜び、恍惚感、畏敬の念が私に注がれ、私の中を流れ、私を飲み込みました。そして、これまで存在していることさえ知らなかった大きな愛に包まれました。これほど大きな自由や生きているという実感を味わったのは初めてでした。すでにお話ししましたが、私のベッドから遠く離れた場所で話している医師と家族の会話が、突然わかるようになったのです。これは、物理的には不可能なことでした。

このような強烈な感覚は、この世のものとは違い、それを正確に言い表すための言葉は見つかりません。これほど完全で、純粋な、無条件の愛は、私がこれまでまったく知らなかったものでした。何の資格も要求されず、何の判断もされず……まったく差別もありませんでした。その愛を得るために何もする必要がなく、何の証明もしなくてよかったのです。

驚いたことに、私は十年前に亡くなった父の存在に気づきました。それは、私に信じられないほどの安心感を与えてくれました。

「パパ、ここにいたの！　信じられないわ」

実際には、そう言ったのではなく、ただ思っただけでした。そのような感情を抱いたというほうが正しいかもしれません。その世界では、感情が唯一の対話方法だったのです。

「そうだよ、アニータ。おまえや家族のために、いつもここにいたんだよ」父は私にそう伝えました。これも言葉ではなく、感情によるものでしたが、私にははっきりとわかりました。

それから、三年前に癌で亡くなった親友ソニにも気づきました。父やソニの存在が優しく抱きしめるように私を包み込んだ時、ワクワクした高揚感に満たされ、心から楽になったのです。彼らは、私が気づくずっと前からそばにいてくれ、病気の最中も見守っていてくれたのだとわかりました。

さらに、他の存在にも気づきました。それが誰なのかわかりませんでしたが、彼らが私のことをとても愛し、守ってくれていることがわかりました。彼らはいつもそこにいて、私が気づいていない時でさえ、大きな愛で包んでくれていたのです。

ソニの本質と再びつながったことは、私にとって大きな安らぎでした。彼女が亡くなって、ずっと寂しかったからです。私と彼女の間には無条件の愛しかありませんでした。その次の瞬間、私の本質が、ソニの本質と一つになり、私は彼女になりました。私は、彼女がここにも、そこにも、あらゆる場所に存在するとわかったのです。彼女は、愛する人全員のために、いつも、すべての場所にいることができました。

私は身体の五感ではなく、まるで新しい感覚を手に入れたように、限界のない知覚を使っていました。それは、通常の能力よりもはるかに鋭く、三百六十度が見渡せて、自分の周囲を完全に認識できました。驚嘆すべきことのようですが、それが普通に感じられたのです。もはや身体の中にいることのほうが、制限された特殊な状態であるように感じました。

その世界では、時間も違うものに感じられました。私はすべての瞬間を、同時に感じていたのです。つまり、過去、現在、未来の自分が関係するあらゆることを、同時に認識していました。さらに、いくつかの人生が同時に繰り広げられているのを感じました。一つの人生では、私に弟がいて、彼を守ろうとしていました。その弟の本質は、アヌープと同じだとわかりました。ただし、その人生で、彼は私よりも若かったのです。時代や場所ははっきりわかりませんでしたが、田舎暮らしのようでした。家具などほとんどないあばら家に住み、私はアヌープの面倒を見て、両親は畑で働いていました。

姉として弟の世話をし、家族の食べ物を確保して、外部の敵から身を守っている自分をありありと体感している間、その生活が過去世のものだという感じはまったくしませんでした。確かに、風景はかなり昔に見えましたが、まるで今ここで起こっているようだったのです。

言い換えれば、時間は、この世で体験するような直線的な流れではありませんでした。私たちの理性が、周囲で起こっていることを連続したものに並べているような気がしました。身体を持っていなければ、実際のところ、過去も現在も未来もすべて同時に起こっているのです。

時間のあらゆる点を同時に知覚できるというのは、向こう側の世界での明確な理解に役立っていましたが、今それを思い出したり、説明しようとすると混乱が生じます。直線的時間が存在しない時、出来事の連続性ははっきりしなくなり、それについて話すと不自然な感じがしてしまうのです。

五感の制限により、私たちは時間の一つの点に集中させられ、これらを一列につなげて直線的現実を創り上げているように思えました。さらに、私たちの身体の制限された知覚が、目で見え、耳で聞こえて、触ることができ、匂いを嗅ぎ、味わえる範囲に閉じ込めているのです。でも、身体的制限がなくなった私は、時間や空間のあらゆる点と同時に関われるようになりました。

拡大した領域での私の気づきは、どんなに説明しようとしても、言葉では言い表せません。その明快さは驚くばかりでした。

「宇宙は理にかなっていた！」と、私は理解しました。さらに、どうして自分が癌になったのかとうとうわかったのです。私はその瞬間のすばらしさにあまりにも夢中になり、しばらく病気の理由について考えられなかったのですが、やがて、深く探ってみることにしました。そして、そもそもどうしてこの世に生まれて来たのかも理解できたように思えました。自分の真の目的について悟ったのです。

「どうして突然、すべて理解できたんだろうか？」私はそれが知りたいと思いました。「誰がこの情報を与えてくれたんだろう？　神様かしら？　それともクリシュナだろうか？　それともブッダ？　イエス・キリスト？」

その時、「神は存在ではなく、存在のあり方なのだ。そして、私は今、そのような存在のあり方をしている」という悟りが得られ、その感覚に圧倒されたのです。

私は、自分の人生が、これまで出会ったすべてのものの中に複雑に織り込まれているとわかりました。私の体験は、無限に広がるタペストリーの、壮大で色とりどりなイメージを織りなす一本の糸のようなものでした。他の糸や色はすべて、私の人間関係を表しており、私が関わったあらゆる人生でした。私の母、父、兄、夫、そして、ポジティブあるいはネガティブなやり方で私の人生に現れた、あらゆる人たちを表す糸がありました。

「まあ、子どもの時に私をいじめたビリーの糸もあるわ！」

あらゆる出会いが織り込まれており、この時点までの私の人生の集大成である織物が出来上がっていました。私は一本の糸にすぎませんでしたが、その完成像に欠くことができない存在だったのです。

これを見ながら、自分のユニークな本質を表現することは、自分自身への、自分が出会ったあらゆる人への、そして人生そのものへの義務であると理解しました。自分以外のものになろうとすれば、良い状況がもたらされるどころか、真の自己を否定することになるのです。他の人たちは真の私を体験する機会を失い、私自身も人々と真実の関わりを持てないでしょう。本当の自分にならないことは、私がここにやってきた目的を宇宙から奪い取ることなのです。

その明晰な状態で、自分が、いつも思っていたような人間ではないことも理解しました。「ここで私は、身体も、人種も、文化も、宗教も、信念も持っていない……でも存在し続けているわ。それなら私は一体何なの？　私は誰だろう？　小さくなったり、弱くなったような感じはしないわ。それどころか、とても大きく、強力で、すべてを包み込んでいるような感じ……こんな体験は初めて。こんなふうに感じたのは、これまで一度だってないわ」

この時私には身体がなく、身体的特徴はありませんでしたが、私の純粋な本質は存在し続けており、それは完全な自分と何ら変わりませんでした。実際、それは身体よりもはるかに大きく、強烈で、包括的でした。それはすばらしい感覚だったのです。自分は永遠の存在であるような気がしました。まるで、始まりも終わりもなく自分は存在していて、これからもずっと存在し続けるという感じがしました。自分はただすばらしい存在だという気づきであふれていたのです。

「自分がそのような存在だと、どうして今まで気づかなかったのだろう？」と思いました。

これまでの人生の累積であるすばらしいタペストリーを目にした時、なぜ今日いる場所へ至ったのかはっきりとわかりました。

「自分の歩んできた道のりを見てみなさい。どうして自分にあんなに厳しかったんだろう？　どうして自分を責めてばかりいたんだろう？　なぜ自分を見捨ててしまったの？　どうして自分のために立ち上がって、自分の魂の美しさをみんなに示そうとしなかったんだろう?」

「どうしていつも他人を喜ばせるために、自分の知性や創造性を抑圧ばかりしていたんだろう? 本当はノーと言いたいのにイエスと言って、自分を裏切ってばかりいたわ。どうしてありのままの自分でいる許可をいつも他人に求めていたんだろう? なぜ自分の美しい心に従って、自分の真実を語ろうとしなかったんだろうか?」

「まだ身体にいるうちに、どうして私たちはこのことが理解できないんだろう? 自分にあんなにまで厳しくするべきじゃないって、私はなぜわからなかったんだろうか?」

私はまだ、無条件の愛と、受け入れられた雰囲気に包まれていました。自分のことを新しい目で見ることができ、宇宙の美しい存在に思えたのです。私は存在するだけで、愛の込もった思いやりを受けるに値するのだと理解しました。何か特別なことをする必要もなく、ただ存在するだけで、愛される価値があったのです。それ以上でもそれ以下でもありませんでした。

このような理解は私にとって驚くべきものでした。なぜなら、愛されるためには努力する必要があるといつも思っていたからです。好かれるに値する人間にならなくてはいけないとずっと信じていました。ですから、実はそうでないとわかったのは、すばらしい発見でした。単に自分が存在しているということだけで、私は無条件に愛されていたのです。

この拡大した、偉大な本質が本当の自分だと知った時、考えられないほどの明瞭さの中で私は変容しました。それは私という存在の真実でした。私は新しい自分を見つめながら、自らの気づきの光となっていきました。そこで起こっていることの流れ、輝き、驚くような美しさの邪魔をするものは、何一つありませんでした。

私たち全員がつながっていることにも気づきました。その織り込まれた統合体は、人間や生物の範囲を超えて、もっと外へと拡大していき、すべての人間、動物、植物、昆虫、山、海、生命のないもの、そして宇宙全体まで含んでいるように感じられました。宇宙は生きていて、意識で満たされており、すべての生命や自然を包み込んでいるのだと悟ったのです。あらゆるものが、無限の〝全体〟に属していました。私も、すべての生命と複雑に絡まり合っていました。私たちはみんな、その統合体の一つの側面です。すなわち、私たちは一つであり、一人ひとりが集合的〝全体〟に影響を与えているのです。

私は、ダニーの人生と目的が、私の人生としっかりつながっていて、もし私が死ねば、彼はすぐにあとを追うだろうと知りました。けれど、たとえそうなったとしても、より大きな全体像においてはすべて完璧なままだとわかりました。

さらに、癌は、私が何か間違ったことをしたことへの罰ではなく、また、以前信じていたような、自分の行動に対するネガティブなカルマでもないと理解しました。すべての瞬間に無限の可能性が秘められていて、その時々私がいる場所は、自分の人生のあらゆる決断や選択や考えが結実したものでした。つまり、私が抱いた多くの恐れや私の持つ偉大な力が、この病気となって現れてきたのです。

第8章　神の愛を体験する

自分の臨死体験について話そうとしても、その体験の深さと、あふれるようにやってくる知識の量に見合う言葉が見つかりませんでした。ですから、最善の方法として、隠喩や類推を用いて表現することにしました。私が伝えようとしていることの本質を少しでもうまく表すことができればと願っています。

巨大で、真っ暗な倉庫を想像してみてください。あなたは、たった一つの懐中電灯だけで、そこに暮らしています。そのとても大きな空間の中で、あなたが知っているのは、小さな懐中電灯の光で見えているものだけです。何かを探したいと思った時、それを見つけられることもあれば、見つけられないこともあります。でも、見つけられないからといって、そのものが存在しないというわけではありません。それはそこにありますが、あなたが自分の光で照らしていないだけです。たとえ照らしていたとしても、見たものを理解できないかもしれません。また、それについてある程度はっきりわかることもあるかもしれませんが、たいていは何だろうかという疑問が残るでしょう。あなたは自分の光が照らすものだけを見ることができ、自分がすでに知っているものだけを理解できるのです。

身体のある生活とは、このようなものです。私たちは、自分の感覚を集中しているものだけに気づき、すでに馴染みがあるものだけを理解できます。

では、ある日、誰かが電気のスイッチを押したと想像してください。そこで初めて、輝きと音と色がパッとあふれ出て、あなたは倉庫全体が見えるようになるのです。なんと、そこはこれまで想像していたような場所ではありませんでした。赤や黄色や青や緑の光が点滅し、輝いています。その中には、これまで見たことがなく、理解できない色もあります。これまでに聞いたこともないような、臨場感にあふれたすばらしい旋律が部屋中に響き渡っています。

さくらんぼ色、レモン色、朱色、グレープフルーツ色、ラベンダー色、金色の虹のようにネオンサインが脈動し、踊っています。電気仕掛けのおもちゃが棚の周りを走り回り、棚の上には、言い表すことのできないような色合いの箱、包装物、紙類、鉛筆、絵の具、インク、缶入り食糧、色とりどりのキャンディーの箱、発泡性飲料、チョコレート、シャンパン、世界中からのワインがあります。突然ロケット花火が爆発して放射状に広がり、花や滝などのきらめく光の像を見せています。

あなたの周りで起こっているあらゆることの広大さ、複雑さ、深さ、大きさは圧倒的です。その場所の端々までは見えなくても、自分が認識している以上のものが存在するとわかっています。あなたは、自分が生き生きした無限ですばらしいものの一部であり、目や耳でわかるものを超えた大きなタペストリーの一部だという強烈な感覚を得るでしょう。

これまで現実だと考えていたことが、実は、あなたを取り囲む途方もない驚異的なものの中の小さな点にすぎないと理解します。そして、いかにさまざまなものが互いに関わり合い、ふさわしい場所にぴったりと当てはまっているかがわかるでしょう。倉庫の中には、これまで見たこともなく、夢にも思わなかったすばらしい色や音や感触のものが、すでに知っていたものと一緒にあったことに気づくのです。あなたが気づいていたものでさえ、まったく新しい状況の中で、真新しく、超現実的に見えるでしょう。

再びスイッチが消えても、この体験におけるあなたの理解や明晰さ、驚異の念や活気は誰も奪い取れません。倉庫にあるすべてのものについて、あなたが知っていることも消去できません。そこに何があり、それをどのように手に入れ、何ができるのか——あなたは、小さな懐中電灯で暮らしていた時よりも、はるかに多くのことを知っています。そして、この意識清明な瞬間に体験したあらゆることに対して畏敬の念を抱いています。人生はこれまでとはまったく異なる意味を持つようになり、あなたの新しい体験は、この気づきから創造されていくでしょう。

私は、向こう側の世界で新たに得た理解に驚き、すべてを包み込む意識を楽しみながら、探検していました。そうしているうちに、自分が選択しなければならないことに気づきました。

再び、近くに優しい父親の存在を強く感じました。まるで抱きしめられているようでした。

「パパ、やっと家に帰ってきた気がするわ。ここに来られて、とても嬉しい。つらい人生だったから」と父に言いました。

「でもアニータ、おまえはいつもここにいたんだよ。これまでも、これからもずっと。そのことを忘れるんじゃない」まるで言い聞かせるようでした。

子どもの頃、父といつもうまくいっていたわけではありませんが、今、父から感じられるのは、すばらしい無条件の愛だけでした。生きていた時の父は、若いうちにお見合い結婚をさせようとするなど、いつもインド人社会の基準を私に押しつけようとしたので、私はイライラし、それに従えない自分を不適格者だと感じていました。けれど、今は、文化的制約や期待も存在せず、父が私に対して抱いているのは純粋な愛だけだったのです。

現世で父が私に課していた文化的なプレッシャーはなくなっていました。それらはすべて、身体を持った存在としての側面にすぎないのです。そのどれもが、死後にはもう重要ではありませんでした。それらの価値感は、死後の世界へは持ち越されないのです。唯一残っているのは、私たちのつながりと、お互いが抱いていた無条件の愛だけでした。私は初めてこのように父に愛され、父のもとで安らぎを感じていました。まるで、やっと我が家に帰ってきたような、すばらしい感覚だったのです。

父との対話に言葉は必要なく、互いに対する理解が完全に溶け合っていました。父のことが理解できただけでなく、まるで私自身が父になったようでした。亡くなってからも、父はずっと家族と一緒にいてくれたことに気づきました。父は母のそばにいて、母を助け、見守り、私の結婚式や闘病生活でも、ずっと私のそばについていていてくれたのです。

私は、父の本質が、これまでよりはっきりと自分に話しかけているのに気づきました。

「アニータ、今はまだここに来るべき時じゃないんだよ。でも、私と一緒に行くか、身体に戻るか、おまえが自分で決めなさい」

「私の身体は重病で、癌に侵されているの。もうあの身体には戻りたくない。だって苦しみ以外何もないんだもの。私にとってだけじゃなくて、ママやダニーにとっても……。戻る理由なんか何もないわ」という思いが直ちにあふれ出てきました。

無条件の愛の状態がこの上なく幸せだったのは言うまでもありませんが、私は身体に戻るという考えに耐えられませんでした。今いる場所に永久にいたかったのです。

このあと起こったことを説明するのは、非常に困難です。

第一に、私が意識を向けたものは何でも、自分の目の前に現れるような気がしました。第二に、時間はまったく問題となりませんでした。時間はまるで存在していないかのようで、それについて考慮する必要さえなかったのです。

このことが起こる前に、医師は私の臓器の機能を検査して、すでに報告書を書いていました。でも、向こう側の世界では、その検査結果と報告書の内容は、これから私がしなければならない決断、つまり生きるか、このまま死へ向かうかという決断次第だったのです。私が死を選択すれば、検査結果には臓器機能不全と書かれ、もし身体に戻る選択をすれば、臓器が再び機能し始めたと記されるでしょう。

その瞬間私は、「もう戻りたくない」と決意しました。そして、自分の身体が死んでいくのを感じ、臓器機能不全による死だと医師が家族に説明している場面を目にしました。

同時に、父が私にこう告げました。「アニータ、おまえが来られるのはここまでだ。これ以上進んだら、もう戻れないんだよ」

物理的な境界線ではありませんでしたが、自分の前に、エネルギーレベルの違いによって区分された、見えない境界線があるのがわかりました。もしそこを渡れば、もう二度と戻れないのです。身体とのつながりは永久に切断されてしまい、私が目にしたように、家族は、悪性リンパ腫による臓器機能不全で亡くなったと医師から告げられるでしょう。

無条件の愛と、自分が受け入れられた感覚はすばらしいものでした。私は永遠にその状態にいたかったので、境界線を越えようと思いました。そこには痛みも、苦しみも、ドラマも、エゴも存在せず、私はあらゆる生きものと創造物の純粋な本質に包まれていました。まさしくすべてが一つであると感じていたのです。

私は、医師からの死の知らせに取り乱した家族のほうへ意識を向けました。ダニーは、私の胸に顔を埋めて、やせ細った手を握り、深い悲しみにむせび泣きながら、身体を震わせていました。母は信じられない様子で、真っ青になり、私の前に立ちつくしていました。兄のアヌープはやっと到着し、私の死に目に会えなかったことにショックを受けていました。

けれど、私の身体や家族に起こっていることに巻き込まれそうになると、再び自分の感情から引き離されていったのです。私は、もっと偉大なストーリーが展開しつつあるという安堵感に包まれました。そして、たとえ戻らない選択をしても、生命という壮大なタペストリーの中で、なるようになるのだと知りました。

死のほうへ歩き続けると決心した瞬間、私は新しいレベルの真実に気がつきました。

自分が本当は誰かに気づき、本当の自分のすばらしさを理解したので、もし身体に戻る選択をすれば、病気は急速に治癒するだろうとわかったのです。それも何週間や何ヶ月かけてとかではなく、わずか二、三日のうちにです。もし身体に戻ったら、医師は癌の痕跡すら見つけられないでしょう。

「一体どうやって？」この意外な新事実に驚き、その理由を知りたいと思いました。

その時、身体は自分の内側の状態を反映したものにすぎない、と悟りました。もし内なる自己が、その偉大さと大いなるものとのつながりに気づけば、私の身体はすぐにそのことを反映し、病気は急速に治るでしょう。

私には選択権があると知っていましたが、何かそれ以上のものが存在するとわかりました。「私にはまだ実現していない目的があるような感じがするわ。でもそれは何だろう？　どうやって見つけられるのだろう？」

そこで私は、自分がすべきことを探す必要はなく、自然に目の前に現れてくると知りました。それは、何千人という人たち、おそらく、何万もの人たちを手助けすることと関係しているようでした。彼らと臨死体験で得たメッセージを分かち合うのかもしれません。でも、自分から追い求める必要はなく、また、それをどうやって実現するかを考える必要もないのです。ただ、自然の展開に任せていればよいことでした。

自然の展開へ到達するために、私がすべきことは、ありのままの自分でいることだけなのです。私は、これまでのすべての年月において自分に必要だったのは、ただありのままの自分でいることだったと悟りました。自分を非難したり、欠点があると思ったりせずにです。同時に、私たちの本質は純粋な愛だとわかりました。誰もが純粋な愛なのです。完全なるものからやってきて、それに戻るのであれば、そうでないはずはありません。このことを理解したら、自分であることをもう恐れることはないでしょう。愛であることと本当の自分であることは一つであり、同じことなのです。

最も大きな新事実は、雷光のとどろきのごとくやってきました。単に自分の本当の姿である愛でいれば、自分も他人も癒せるとわかったのです。これまで理解できませんでしたが、それは明白なことに思えました。もし私たちがみんな一つで、無条件の愛という全体のさまざまな側面であるなら、私たちはみんな愛の存在だということです。私は、それが人生の唯一の目的だと知りました。つまり、本当の自分でいて、自分の真実を生き、愛であることです。

私が理解したことを確認するように、父とソニが私にこう言っているのに気づきました。

「自分が本当は誰かという真実を知ったのだから、もう一度身体に戻って、今度は何も恐れずに思い切り生きなさい！」

第9章 この世に戻る決心

私が病院に運ばれて死にそうだということは、インドに住む兄アヌープにはまだ誰も知らせていませんでした。けれど、彼は何かに動かされて、旅行代理店に連絡をし、香港への航空券を予約しようと思ったのです。緊急性を感じたので、その日遅くの便を取ろうとしましたが、プーナからの便はすでに満席で、ムンバイからの便なら大丈夫だと言われました。アヌープはすぐにその便を予約し、レンタカーを借りて、ムンバイまで四時間かけて運転したのです。

ダニーがプーナの兄の家に電話をし、私の病状が悪いのでできるだけ早く来てほしいと告げると、義理の妹のモナは、アヌープはすでにそちらに向かっていると伝えました。

モナは仏教徒でしたが、病状が予断を許さないものだと知り、すぐに仏教徒の仲間に呼びかけて、私のために詠唱を始めてくれました。

その間、香港では、母がシヴァの神に私の命を救ってくれるように祈りながら、病院の廊下を行ったり来たりしていましたが、私のために何もできない無力さに苛まれた彼女は、かつて子どもだった私を連れて通ったヒンドゥー教寺院へ向かいました。入口の広い階段を上り、中庭を通って大きな祈祷室へ入ると、前面の壁に並んだ台座の上に、鮮やかな色合いに装飾されたクリシュナ、シヴァ、ガネーシャの実物大の像が置いてありました。母は神々の前に座り、懸命にお祈りして慰めを得ようとしました。

同じ頃、私たち家族の親しい友人で、敬虔なカトリック教徒であるリンダは、自分の教会で祈りのグループを結成してくれていました。神父様に私の病状を説明し、私の名前を祈りに加えてもらったのです。

私は、鼻や口にチューブを差し込まれたまま昏睡状態でベッドに横たわっており、夫は私のすぐそばで自分はここにいるよとささやき、戻ってきてくれと嘆願していました。

「愛するアニータ、僕たちはまだ一緒にすることが山ほどあるだろう。どうか、お願いだから戻ってきてくれ。僕はずっとここで待っているから。たとえ一生でも……」ダニーがそうささやくのが聞こえました。

彼は一睡もせずに、ベッドの上にあるモニターの数値に目を光らせ、もし最後の瞬間が来たら見のがさずに、私を呼び戻すつもりでした。

「愛するダニー、私があなたのことをとても愛しているって忘れないでね」私は彼と話したいと願いました。「どうか、私のことは心配しないで。もう大丈夫なの。私が理解したことをあなたにも話したいわ。あなたが手を握っている身体は、本当の私じゃないのよ。私たちはいつも一緒で、時間や空間を超えてつながっているの。何者も私たちを離ればなれにはできない。たとえ私が死んだとしても、決して別れることはないわ。あらゆるものは、そのままで完璧なの。ようやくそのことがわかった。あなたにもわかってほしいわ」

早朝四時頃、私の身体は突然むせ始めました。酸素が得られないかのように、息を詰まらせたのです。ダニーは最後の瞬間がやってきたと思い、パニック状態になって、緊急ボタンを押しました。すぐに看護師たちがやってきて、私の状況を確認し、医師に連絡しました。それから、彼らは私の身体の向きを変えて、背中をたたき始めました。

医師が到着するまで二十分ほどかかりました。医師はダニーに、肺が液体でいっぱいなので呼吸できないのだと説明しました。そして看護師に、すぐ胸水キットを持ってくるように指示しました。看護師が、長い針のついた透明な袋を持ってくると、医師はその針を私の背中に突き刺し、胸腔へ挿入して、液体を透明な袋へ抜き始めました。この作業を三、四回繰り返した結果、袋の中には一リットルもの液体が溜まり、それから医師は針を抜き取りました。私の身体は、前よりずいぶん呼吸が楽そうに見えました。

夫は、その日もほとんど私のベッドのそばにつきっきりで、私の手を握り、モニターの数字を見ていました。

その日の午後、兄が香港に到着し、空港からダニーに電話を入れました。

「荷物を置かずに、すぐタクシーで病院へ来てくれ。あとどれくらい持つかわからないんだ」ダニーにそう言われて、アヌープは空港から病院へ直行しました。

午後四時頃、私は目をぱちぱちし始めました。視界はかなりぼんやりし、目の前に立っている人がダニーだとわかりませんでした。その時、「アニータの意識が戻った！」という彼の声が聞こえたのです。

この上なく幸せそうな声でした。それは、二月三日の午後で、昏睡状態になってからおよそ三十時間後のことでした。

「アニータ、おかえり！」アヌープが大喜びで言いました。

「間に合ったのね！　来てくれるってわかってたわ。だって飛行機に乗っているのが見えたもの」

私は叫びました。

彼は少しとまどったように見えましたが、私の言ったことはすぐ忘れてしまったようです。私の意識が戻ったので、家族はとにかく幸せそうでした。母も私の手を握って、微笑んでいました。

けれど私は、自分が昏睡状態だったとは知らず、自分に何が起こっていたのかも、もはや向こう側の世界にはいないということも、理解できずにまごついていたのです。

視界が少しずつはっきりしていき、だんだん家族が見分けられるようになりました。アヌープの後ろに、壁に立てかけた彼のスーツケースも見えました。

医師がやってきて、私が目覚めたのを見て、驚きと喜びの入り混じったようなまなざしでこう言いました。「やあ、おかえり！　みんな、君のことをとても心配したんだよ」

「こんばんは。チェン先生、またお会いできて嬉しいです」多少意識がもうろうとする中で私は答えました。

「どうして私のことがわかるんだい？」明らかに驚いた表情でした。

「だって、前にお会いしたからです。私が呼吸困難の時、真夜中に肺から水を抜いてくれたでしょう？」

「確かに。でも、君はずっと昏睡状態で、目を閉じていたんだよ」チェン医師は、少し当惑しながらそう言い、さらに話を続けました。「とにかく、これは予想外の嬉しい驚きだ。君が目を覚ますことは難しいと思っていたからね。ところで、ご家族にいいお知らせがあるんです。肝臓と腎臓を検査した結果、また機能し始めていることがわかりました」

「また機能し始めるって知っていました」私はまごつきながら言いました。

「そんなはずはない。これは予想外の結果なのです。とにかく、少し休んでください」彼はそう指示して、部屋を出ていきました。

家族は喜びにあふれ、これまで見たことがないくらい嬉しそうでした。医師からのよい知らせに、何度もお礼を言っていました。

チェン医師がいなくなってから、私は夫に尋ねました。「チェン先生は、私が彼を知っているのをどうしてあんなに驚いたのかしら？　彼が私を処置しているのを見たのに……。私の臓器が機能を停止したから、もう数時間しか持たないってあなたに話したのは、チェン先生でしょう？」

「どうやってその話を聞いたんだい？　彼はこの病室では言わなかったのに。廊下のずっと向こうで話したんだよ！」とダニーは言いました。

「どうやって聞いたのかわからないわ。でも、チェン先生が来る前に、今回の検査結果について知っていたの」と私は言いました。

まだふらふらしていましたが、自分の内側で明らかに何かが起こっていました。

それからの数日間、私は、向こう側の世界でのことを少しずつ家族に話し、昏睡状態の最中に何が起こったのかを説明しました。自分の周囲だけでなく、部屋の外で、それも廊下や待合い場所で交わされた会話の一語一句を伝えたのです。家族は、畏敬の念に打たれたように聞き入っていました。私は、自分が受けたたくさんの処置についても話し、それを行った医師や看護師が誰であるかも見分けられたので、みんな驚くばかりでした。

私は癌専門医と家族に、夫が真夜中に緊急ボタンを鳴らした時、自分は肺に溜まった液体で呼吸困難になっていたと告げました。そして、看護師がやってきてすぐ、医師に緊急事態だと連絡をし、医師が飛んできた時には、全員が私は亡くなると思っていたと話しました。その内容が詳細だっただけでなく、時刻まではっきり言ったので、家族はショックを受けていました。

私が病院へ運ばれた時に慌てふためいた人物も見分けることができました。「あの看護師は、私の血管が確保できないって言ったの。その上、手足はもう骨ばかりで、静脈注射をする血管を見つけるのは無理だろうって。私の血管を見つけようとするのも無駄だっていう言い方だったわ」

兄はこの話を聞いて怒り、後日、その看護師に対してこう言ったそうです。「妹は、君が彼女の血管を見つけられないと言ったのを全部聞いていたんだ。もう助けるのはあきらめている感じがしたそうだよ」

「妹さんに聞こえていたなんて、知りませんでした。だって昏睡状態だったんですよ！」看護師は驚いて、自分の無神経な発言について私に謝罪しました。

昏睡状態から目覚めて二日も経たないうちに、医師は、奇跡的に臓器の機能が回復し、毒素で腫れあがっていたのもかなりおさまってきたと告げました。私はとてもポジティブで楽観的になり、食事をとりたいので栄養チューブを外してほしいとお願いしたのです。癌専門医の一人は、私の身体が極度の栄養失調なので、すぐには栄養を吸収できないと言って反対しました。けれど、私は食べる準備ができていて、すべての臓器は再び通常通り機能していると主張しました。彼女はしぶしぶ同意し、もしきちんと食べられなかったら、すぐに栄養チューブを戻すと告げました。

栄養チューブは、私の身体につながっているもののうちで一番イライラするものでした。鼻から挿入され、喉を通して、胃の中へ入っていました。それによって、液体プロテインを、直接消化器官に送り込んでいたのです。このチューブのせいで喉がからからになり、鼻の中はむずむずし、とても不快だったので、それを取ってほしくてたまりませんでした。

チューブが外されたあと、最初の固形食としてはアイスクリームが一番良いだろうと、医師から言われました。喉のすり傷の痛みを和らげてくれるだけでなく、噛まずに食べられるからです。その提案に私の目は輝き、ダニーはさっそく出かけて、私の大好きなチョコアイスを買ってきてくれました。

別の癌専門医が定期健診を行った時、彼は驚きを隠せずに、こう叫びました。「あなたの癌は、このたった三日間で、目に見えて、かなり小さくなっています。それに、すべてのリンパ節の腫れもひいて、以前の半分くらいの大きさです！」

嬉しいことに、翌日、酸素チューブが取り外されました。医師が検査を行い、もう必要はないと判断したのです。私はベッドに半分起き上がっていましたが、まだ自分の身体を支える力はなく、枕で頭を支えていました。けれど、気分は高揚していました。家族と話をしたくてうずうずし、特にアヌープと久しぶりに会えたことが嬉しくてたまりませんでした。

この頃、私は自分のｉＰｏｄで音楽を聴きたいと思い、ダニーに頼んで病院へ持ってきてもらいました。まだチューブなどが身体に突き刺さった状態で、おまけに首には皮膚病変もあり、イヤホーンがつけられませんでした。そこで、ダニーは私がなんとか音楽を聴けるようにと、対になった二つの小さなスピーカーを接続して、ベッドの横のテーブルに置いてくれたのです。

私は幸福感に満たされ、アップビートの音楽をずっと聴いていたい気分でした。筋肉が衰えていて、ダンスはもちろんのこと、ベッドから抜け出すこともできなかったのですが、頭の中では楽しく踊っており、音楽のおかげで一層嬉しさが増して、我を忘れました。その時は、なぜ自分がそれほど前向きな気分だったのかはっきりわかりませんでした。ただ、何かを悟った感じがしていたのです。

まるで子どものように、音楽が聴きたい、アイスクリームが食べたい、家族とおしゃべりしたいと思いました。私は笑い転げて、とても幸せな気分でした。ベッドから出たり、歩き回ったりはできませんでしたが、これまでにないほど、あらゆることが完璧に思えたのです。

私はまだ集中治療室にいたので、他の重病な患者の邪魔になっていると医師は判断しました。

彼らの家族が、私のベッドのほうから聞こえてくる音楽や笑い声やおしゃべりがうるさいと苦情を言い始めたからです。

「君のケースをどう考えたらよいのかさっぱりわからないよ。カルテに何と書けばいいのかもわからない。本当に珍しい症例だ」朝の回診に来た際、チェン医師はそう言いました。

病院に運ばれて五日目、私は一般病棟へ移されました。そこで、やっと人目をはばからずに、思い切り音楽を聴いて、笑えるようになったのです。

ゆっくりと――実際にはとてもゆっくりと――自分に起こったことを理解し始めていました。頭がはっきりしてきて、詳細を思い出し始めると、あらゆる小さなことについて胸が詰まりそうになりました。向こう側の世界で体験した驚くほどの美しさや自由をあとにして戻ってきたことが悲しかったのです。でも同時に、この世界に戻り、再び家族とつながれたことが幸せで、深く感謝しました。私の頬を、後悔と喜びの両方の涙が流れていました。

さらに、すべての人たちと、これまで一度も体験したことのない絆を感じるようになりました。家族だけでなく、看護師や医師のように、自分の病室にやってくるすべての人たちとです。私のお世話をしに来てくれる一人ひとりに対して、愛があふれ出てくるのを感じました。それは、これまで知っている愛情とは違いました。まるでとても深いレベルですべての人とつながっていて、同じ心を共有しているかのように、彼らが感じたり考えていることがすべてわかる気がしました。

私のベッドは窓の側にありましたが、ある日、看護師の一人がベッドの上に起き上がって外を見たいかと尋ねてくれました。その時、自分がしばらく外の世界を見ていないことに気づき、期待で胸を膨らませて「ええ、もちろん！」と答えました。

看護師は私を起こして身体を支えてくれました。窓から外を見た瞬間、涙が込み上げてきて、しばらく泣きやむことができませんでした。その瞬間まで、この病院が、子ども時代に住んでいたハッピーバレーの家から数ブロックしか離れていないことに、気づかなかったのです。

すでにお話ししたように、この病院は、過去数年間治療や輸血のために通っていたところではありませんでした。通院していたのは、この設備の整った総合病院ではなく別の大きなクリニックで、昏睡状態になった日に、初めてここへやってきたのです。

そして、今ここで、私は子どもの時に見た風景とまったく同じものを目にしていました。病院の前に競馬場が見え、アーフォンと乗った市電の線路もありました。涙を浮かべて子ども時代に見た風景を眺めながら、さまざまな経験を経て、また同じ場所へと戻ってきたのだと痛感しました。

「なんてことなの！　信じられないわ。子どもの頃と同じ市電や公園や建物が見える。もう一度チャンスを与えられたということなのね。新しいスタートなんだわ」

目の前にあるものすべてに馴染みがあり、それは決して特別な風景ではありませんでしたが、なぜかまったく新しい世界に見えました。まるで初めて目にしたように、あらゆるものが新鮮で、刺激的で、美しく見えたのです。すべてがこれまでよりも色鮮やかで、そのあらゆる細部にまで気がつきました。私は周辺の建物を眺め続けました。自分の育ったアパートのビルが見え、道路を横切ったところには、小さな時に遊んだ公園があり、市電が人々を乗せて走っていて、車は通り過ぎ、犬の散歩や買い物の通行人がいました。再び子どもに戻ったように、私は新しい目ですべてのものを見ていたのです。まったく変わり映えのない風景でしたが、それは、久しぶりに目にしたすばらしい眺めでした。おそらく、今まで見た中で一番美しいものだったかもしれません。

第10章 すべての癌が消えた

集中治療室を出てから数日後、私は筋力をつけるために理学療法を始めました。初めて部屋の中を歩けるようになった日、看護師が気遣いをしてくれて、鏡のあるトイレに連れて行ってくれました。ところが、鏡をのぞき込むと、なんと骨と皮だけの自分が映っていて、その姿にひどく滅入ってしまったのです。そんなに落胆したのは、昏睡状態から目覚めて初めてでした。

私は、数分だけ一人きりにしてほしいと看護師に頼みました。そして、鏡の中の自分をじっと見つめましたが、目の前にいる人物が誰なのか、まったくわかりませんでした。髪の毛はほとんど抜け落ち、目はくぼんで大きな眼球だけが目立ち、頬骨が突き出ていました。右耳下の首にはばんそうこうが貼られ、ぱっくりと開いた皮膚病変を隠していました。鏡に映った自分の姿に釘づけになり、涙がとめどなく流れてきました。

虚栄心から泣いたのではありません。その時、私にとって、身体的な外見は重要ではありませんでした。むしろ、今、鏡の中にいる人物を誰かが見たら、きっと抱くであろう哀れみを感じ、涙が出てきたのです。それは、心からの共感を伴った悲しみでした。私は自分の姿の中に――その顔や目の中に――これまでの長い年月にわたる苦しみを見ていたのです。

「どうして、これほどの苦痛を自分に与えてしまったのだろうか？　なぜこんな苦しみを課したんだろう？」私は悲嘆に暮れました。

私自身が、自分に対して行ったのだと痛感していました。鏡のほうへ手を伸ばし、そこに映る涙にぬれた顔に触れながら、二度とこんなひどい目にはあわせない……と誓ったのです。

医師は、私の回復ぶりに慎重な注意を払っていました。病院へ搬送されてきた時が、あまりに深刻な状態だったからです。彼らは、現在投与している抗がん剤――かつては私がひどく恐れていたものです――の配合と投与量を調節したいと考えていました。

私は、看護師がやってきて抗がん剤の投与を始めるのを見ていました。点滴用のスタンドに、大きな赤い文字で〝劇薬〟と書かれている袋をぶら下げました。その薬を直接、血管の中へ送り込むのです。看護師は、その危険な劇薬に間違っても触れることがないように、マスクとゴム製の手袋をしっかり身につけていました。不思議ですが、自分の血管にこれらの劇薬を流し込んでもよいと思えました。

私には、抗がん剤治療が必要ないとわかっていました。医師たちは、私のためではなく、自分たちの理由づけのためにそれを行っていたのです。私は自分が無敵で、何者も自分をやっつけることはできないとわかっていました。今、血管に注入されている劇薬でさえもです。それは、長年ずっと恐れていたものでした。そして、興味深いことに、今回はいつもの副作用がまったく現れませんでした。医師チームは、抗がん剤投与に伴う吐き気が見られないので、とても驚いていました。

私は、勝利を得た気分でした。その時の私は、死ぬことから癌や抗がん剤まで、あらゆるものに対する恐怖感を完全に乗り越えていたので、自分を病気にしたのは恐れの気持ちだったと確信しました。もしこれが向こう側の世界を体験する前だったら、大きな赤い文字で書かれた劇薬という言葉も、それから身を守ろうとする看護師の厳重な装備も、きっと私に死ぬほどの恐怖感を与えていたことでしょう。心理的な影響だけで私の息の根は止まっていたかもしれません。

それが今、私は無敵の感じでした。この世に戻ってくるという決断が、物質世界で起こっている事柄を完全に覆すと知っていたからです。

医師は、私の現状についてもっと正確な情報を得るために、一連の検査を行ったうえで抗がん剤の投与量を調整したいと言ってきました。私はしぶしぶ同意しました。というのも、この一連の検査は、私の治った証拠が必要なので行うのだとわかっていたからです。それに、どんな結果が出てくるか、すでに知っていたからでもありました。検査結果は、私が正しいことを証明し、勝利感を与えてくれるでしょう。しかし医師たちは、私にはまだ十分な体力がなく、広範囲にわたる検査には耐えられないと判断し、回復の様子を見ながら数週間にわたって検査すると決定しました。私の体重は四十キロほどしかなく、必要な検査を受けるためには、まず栄養状態の改善が必要でした。さもなければ、消耗した身体にさらなる重圧をかけるかもしれないからです。

皮膚病変は大きく口を開けており、毎日、看護スタッフが消毒をし、包帯を交換してくれていました。傷口の幅も深さも大きいので、医師は外科手術が必要だろうと感じていました。

そこで、形成外科医が傷の状態を調べるためにやってきました。彼は、私の傷が大きすぎて、自然治癒は見込めないだろうと結論づけました。やはり、自然治癒するには栄養が不足しすぎていたのです。しかし、形成手術に耐えられる状態ではないので、十分体力がつくまで、看護師が引き続き傷の手入れをするようにと指示しました。

集中治療室を出てから六日目、私は少しだけ力がついてきた感じがして、短い時間だけ、病院の廊下を歩き始めました。そして、最初に行うことになった検査は、骨髄生検でした。これはとても痛みを伴う検査で、太い注射針を骨盤に刺して、骨から骨髄を採取するというものです。

進行したリンパ腫では、癌が骨髄に転移しているのが普通なので、医師たちは、そのような検査結果を予測していました。その結果にもとづいて、薬の種類と量を決めるつもりでした。

検査結果を受け取った日のことは、今でも思い出します。医師が病院の職員たちと心配そうな様子で一緒にやってきて、こう言ったのです。「骨髄生検の件ですが、ちょっと気がかりな結果が出たんです」

ここ数日で初めて、少し不安を感じました。「どんな結果ですか？ 何が問題なんですか？」

その場にいた家族も、一瞬顔を曇らせました。

「実は、骨髄生検で癌が見つからなかったんです」と医師は告げました。

「どうしてそれが問題なんですか？ つまり、妻の骨髄には癌がないということでしょう？」とダニーは聞き返しました。

「いいえ、そんなことは絶対にありません。奥様の身体には確かに癌があります。こんなに早く消えてしまうわけなどありません。私たちはそれを見つけなくてはなりません。そうしなければ、処方する薬の量を決められないのです」

そして医師たちは、私の骨髄生検の材料を、香港で最新技術を持つ病理研究室に送りました。四日後、その結果が戻ってきましたが、陰性でした。癌の痕跡はまったく見つからなかったのです。その知らせを聞いて、私は圧倒的な勝利感を味わっていました。

それでもあきらめずに、医師たちは、癌を見つけるためにリンパ節生検をしたいと言い出しました。最初は、彼らへの仕返しとして、「もう検査は嫌です。これは私の身体なんです。どんなに調べても何も見つからないってわかっていますから」と言いたくてたまりませんでした。

しかし、医師は強く主張し続け、ついこの間私が運ばれてきた時の状態を家族に思い出させようとしたので、仕方がなく検査を受ける決心をしました。彼らが何も見つけられないことは十分わかっていましたし、彼らが行うすべての医学的検査に対して、自分に勝利感がもたらされることも知っていました。

私は医師にこう告げました。「必要なら検査してください。でも、すべて、あなたたちが自分を納得させるためにするのだと覚えていてください。私には、もう結果がわかっています」

リンパ節生検には小手術を伴うので、医師たちは、私にもう少し体力がつくまで数日間待つことにしました。この処置に先立ち、私は放射線科に行くように言われました。放射線技師は、超音波検査をして一番大きなリンパ腫を見つけ、外科医が生検のために切開する箇所に印をつけることになっていました。

放射線室の台の上に横になった時、私が病院へ搬送された時に撮ったＭＲＩの画像がシャーカステンに貼りつけてあるのに気づきました。それには、腫瘍の箇所がすべて写っていました。この画像から、放射線技師は、私の首はリンパ節が腫れて腫瘍だらけだと理解し、首の後部から調べ始めました。それから、首の両側面へと移動し、最後に首の前面を調べました。私は、彼の顔に戸惑いの表情が浮かんでいるのに気づきました。

彼は、ＭＲＩの画像をもう一度見にいき、私のところへ戻ってきました。そして腋の下も調べていいかと尋ねました。私の許可を得て、それを調べ終わっても、まだ当惑しているように見え、さらに私の胸、背中、腹部をスキャンしたのです。

「すべて順調ですか？」私は尋ねました。

「よくわかりません……」彼は言いました。

「何が問題なんですか？」私は、何が起こったのか薄々感じていました。

「少し待っていてください」と彼は答えました。

放射線技師は、さほど離れていないところにある電話へと走っていきました。彼が私の主治医と話しているのが聞こえました。

「さっぱりわかりません。たった二週間前に撮った癌患者の画像があるんですが、今調べても、癌だと思われるリンパ腫が一つも見つからないんです」

私は笑顔になり、彼が戻ってきた時、こう言いました。「それなら、もう行っていいんですね」

「いや、待ってください。あなたの主治医から、身体から癌が消えるなんてことは絶対ありえないので、必ず見つけ出すように言われたんです。首のあたりで癌を見つけなければなりません」

彼は、大きくなってもいないのに、私の首のリンパ節に印をつけました。それから手術の日程が組まれて、外科医が私のリンパ節の一つを切り取るために、首の左側を少し切開しました。

これは局部麻酔だったので、完全に意識がありました。外科医が電気メスでリンパ節を切った時の不快感は本当に嫌でした。その時の皮膚の焦げた匂いを今でもはっきり覚えています。医師の処置に同意したのは、間違いだったかもしれないと思ったくらいです。

そしてその結果、癌の痕跡はまったく見つかりませんでした。

その時点で、これ以上検査や薬を続けることに対して抵抗を始めました。本当のところ、私は自分が治ったと、心の底からわかっていたからです。さらに、病院に閉じ込められていることにイライラし始めていました。自分は大丈夫だと知っていたので、早く退院して、世の中を探検したくてたまりませんでした。けれど、医師は許してくれず、さらなる検査と薬が必要だと主張しました。そして、私が病院へやってきた時のことを、再び思い出させようとしたのです。

「私の身体に癌が見つからなかったのに、どうしてそんなことがまだ必要なんですか？」と医師に尋ねました。

「これまでの検査で癌が見つからなかったからといって、癌がないというわけではありません。忘れないでくださいよ。数週間前に病院へ運ばれてきた時、あなたは末期の癌患者だったんです！」と医師は断言しました。

しかし、最終的に、ＰＥＴスキャンの結果、画像で癌が確認されなかった時点で、私の治療は終わりました。

医師チームは驚いていましたが、形成外科医に手術を頼んでいた首の皮膚病変も自然治癒していました。

二〇〇六年三月九日、この病院へ運ばれてから五週間後、私はようやく自由の身になったのです。階段の上り下りには少し助けが必要でしたが、あとは自力で歩けました。私があまりにも浮かれ気分だったので、医師は、退院許可証に大きな字で、「自宅療養を要する。最低六週間は、買い物やパーティーは慎むこと」という注意事項を書き加えたほどでした。

でも私は、一つも守りませんでした。一週間後の三月十六日は私の誕生日だったのです。私は、家族と一緒にお気に入りのジミーズ・キッチンへ行って、新しい人生が与えられたことをお祝いしました。そして、翌週の三月二十六日には、友人の結婚式に出席しました。私の病気のことを知っていた友人たちが驚く中、大はしゃぎでダンスを踊り、シャンパンを飲みました。人生は、喜び、自由奔放に生きるためのものなのだと、痛感していたのです。

第11章　コー医師による医学的見解

癌から完全に解放されてから数週間、私は自分に起こったことすべてを整理し、理解しようとしていました。病院から出てきた私に初めて会った知人たちが、露骨に驚くのにも慣れてきました。誰も面と向かっては言いませんでしたが、最後に私を見た時、ほとんどの人がきっと死ぬだろうと思っていたに違いありません。こんなに短期間で健康になったことへの驚きを隠そうとする人もいれば、あまり隠さない人もいました。

「まあ、本当にあなたなの！」私のヨガの先生は、六ヶ月ぶりにヨガスタジオに行った時、びっくり仰天した様子でした。「すごく元気そう。快方に向かっているとは聞いていたけれど、こんなに元気だとは思わなかったわ！」

アミラは、私が数年間教わっていたヨガの先生で、香港の中心街にビクトリア湾を見渡す美しいスタジオを持っていました。彼女は私の病気のことを知っていて、だんだん弱っていくにつれていろいろなポーズができなくなると、〝屍のポーズ〟で床の上に横になっていていいと、優しく配慮してくれたのです。屍のポーズ以外まったくできなくなってからも、しばらくアミラのクラスに参加していました。そのクラスで感じられるポジティブなエネルギーに浸っているのが大好きだったからです。でも、とうとう外出できなくなり、車椅子に乗り、携帯用の酸素ボンベにつながれ、家でフルタイムの看護師に世話してもらうようになった時、私はアミラのスタジオに行くのをやめました。

それきりになっていたので、私は自分一人で出かけられるようになったらすぐにでも、クラスの最中に訪ねて行って、彼女をびっくりさせたいと思ったのです。もちろん彼女はすごく驚きました。アミラは、スタジオにいた人たち全員に私を紹介しました。ほとんどの人は私を知りませんでしたが、私を覚えていた人たちは、同じくらい驚いているようでした。一人の女性は、私がクラスに参加した最後の数回を思い出しながら、涙を浮かべました。二度と私に会えるとは思っていなかったのでしょう。でも、こうして私は戻ってきました。「これは奇跡だわ！」と彼女は言いました。

会う人すべてが、私に何が起こったのかを知りたがりました。どうやって、こんなに早く良くなったのか興味津々だったのです。でも、それを説明するのはとても難しく、自分でも十分理解していないとわかり始めました。他人にも理解してもらえるように、自分が体験したことを話す方法が見つからなかったのです。このような体験を表現する言葉など存在しないように思えました。特に英語という言語では。

ある日、私は、アヌープからメールをもらいました。そこには臨死体験（ＮＤＥ）のサイトのことが載っていました。彼は、私と似たような体験をした人がいないかを調べているうちに、臨死体験研究財団（ＮＤＥＲＦ）のサイト www.nderf.org を見つけたそうで、私の体験はこのサイトで人々が紹介している体験に似ている気がするので、見てみたらどうかと伝えてくれました。

それまで、臨死体験についてはあまり知りませんでした。その言葉は聞いたことがあり、テレビで一、二回ドキュメンタリー番組を見たかもしれませんが、実際に体験した人は一人も知りませんでした。とりわけ、自分がそれを体験するなど考えたこともなかったのです。

兄が教えてくれたサイトの情報を読みながら、鳥肌が立つのを感じました。というのも、自分の体験と類似する点がとても多かったからです。私のような病気の話は一つもありませんでしたが、向こう側の世界で体験したことはそっくりでした。何人かの人が、拡大、明晰さ、一つである感覚――みんなつながっているということ――について語っていました。さらに、判断や批判のない圧倒的な無条件の愛だけを感じたと書いていました。亡くなった愛する人たちや、自分のことを気にかけてくれている存在との出会いにも触れ、普遍の知識や理解が得られたとありました。私は、彼らもまた、受け入れられ、一つである感覚を味わい、誰もが例外なく愛されているとわかったという事実に驚きました。そして、臨死体験後、彼らの多くが、私とまったく同じような目的意識を感じていたのです。

いくつかの体験談を読んだあと、「あなたの臨死体験についてお聞かせいただけませんか？ご興味のある方はここをクリックしてください」と書いてあるのに気づき、クリックしてみました。すぐに、詳細な記述を求めるかなり長いフォームが現れたので、それに書き込みを始めました。それまで自分の体験を書いたことはなく、親友や家族に話しただけだったので、これほど詳細に分析するのは初めてのことでした。

自分の状況を知らない人に説明するのも初めてだったので、できるだけ明確に表現するよう努力しました。質問に答えながら、これまで考えたこともない観点から自分の体験を振り返りました。私は、癌になったこと、向こう側の世界とこの世に戻ってきてからの体験、すごい速さで癌が消えてしまったことなどについて詳細に書きました。フォームの必要事項を埋めてから、余白にもう少し説明を加えて、〝提出〟ボタンを押しました。すると、「あなたの体験談をお送りいただき、ありがとうございました。サイトに掲載するかどうかについては、三週間以内にご連絡いたします」というメッセージが現れました。

すでに夜遅い時間だったので、「きっと、しばらく連絡はないだろう」と思いながらベッドに入りました。でも、嬉しいことに、翌朝目覚めると、すでにジェフリー・ロング医師からメッセージが届いていたのです。

ロング医師は、私が体験談を提出したＮＤＥＲＦのサイト責任者で、癌の専門医だと自己紹介していました。そして、私の体験はこれまで読んだ中で並はずれたものの一つだと書いてありました。彼は、すごい速さで癌が治癒したことに興味を持ち、私の病状についていろいろ質問したいと思っていたのです。私の体験は十分明確に説明されていたけれど、もう少し詳しい病状、つまり、いつ癌の診断を受けたのか、病気の期間、臨死体験後に癌が完治するまでどれくらいかかったかなどについても知りたいと述べられていました。

私は、彼の質問に、できるだけ詳しく答えました。彼はすぐに返事をよこしました。その反応からは、彼のワクワクした気持ちが感じられ、私の体験をサイトに送ってくれたことへのお礼も書かれていました。私の体験は、世界中の何万人という人たちにインスピレーションを与えるだろうと言ってくれたのです。そして、ＮＤＥＲＦのサイトに私の体験談が掲載されました。そこには、彼の質問に対する私の答えも含まれていて、今でも、サイトのアーカイブに保管されています。

後日わかったことですが、ロング医師は、私の体験談を受け取るとすぐに、それを印刷して、何度も読み返したそうです。彼は、そんなことをするのは初めてで、とても注目すべき体験談だと思ったからだと言いました。

同じ頃、友人で、『ホリスティック香港』という定期刊行物を出しているピーター・ロイドが、私の体験に仰天して、その体験談を記事にして載せてもいいかと尋ねてきました。私は、NDERFのサイトに提出したのとまったく同じものを彼に送り、翌月号にそれが掲載されました。

それから数週間後、二〇〇六年の夏の頃でしたが、アメリカに住むもう一人の癌専門医から連絡をもらいました。彼はピーター・コー医師といい、自然に癌が治癒したことに興味を持っていると言いました。彼によると、わずか三週間のうちに、別々の人から、私の体験談へ飛ぶリンク先が送られてきたそうです。一人からはNDERF、もう一人からは『ホリスティック香港』のサイトへのリンクで、最初にNDERFへのリンクを受け取った時、コー医師はほとんど目もくれなかったそうです。というのも、私の体験談はかなり長いうえ、彼は同じような推薦のメールをたくさんもらっていたからです。けれど、二通目のメールをもらい、「ぜひ読んでください。きっと興味を持たれるはずです」というメモつきで『ホリスティック香港』の記事が送られてきた時、コー医師はどんな内容か読んでみることにしたのです。

私の体験談を読んだあと、彼はとても興味がわき、私に連絡する方法はないかとピーター・ロイドに尋ねました。ウェブサイトでは私は名前をふせ、「アニータMの臨死体験」とだけ書いていたからです。そして、ピーターが、メールでコー医師と私の間を取り持ってくれました。コー医師はすぐに私にメールをよこし、質問したいことがたくさんあるので、電話をかけてもよいかと尋ねてきました。

私は彼と数時間電話で話をし、特に、病状と自分の体験についての詳しい内容を教えました。それから、私の病歴に関する書類を彼にファックスで送りました。その中には、私が病院へ運ばれた二月二日の医師の報告書も含まれており、「リンパ腫、ステージⅣＢ」という診断と、私の病状と見通しが記載されていました。

これらの書類を読んだあと、コー医師が最初に発した言葉は、「この書類を見るかぎり、あなたはすでに死んでいるはずです！」でした。

そしてコー医師は、私のケースに非常に興味を持ち、香港までやってきて、私が臨死体験をした病院を訪ね、診療記録を調べることにしたのです。

私が彼と会ったのは十月中旬のことで、場所は臨死体験をした病院でした。まずは自己紹介を兼ねて、病院のロビーでしばらく話をしました。彼は私の体験と病気について質問し、私の見解を知りたがりました。それから一緒に事務室へ向かい、私の記録を見せてくれるようお願いし、厚さが八センチもあるファイルを受け取って食堂へと向かったのです。そこで、コー医師は一ページずつ丹念に調べ、必要な箇所を抜き出してすべてコピーしました。

ロング医師とコー医師という二人の癌専門医が、私の体験にこれほど興味を持ってくれたことが嬉しく、自分は恵まれていると感じました。このことは、他人を助ける大きな目的のために、自分が戻ってきたという思いが正しいことを証明してくれました。自分の体験が他人を助けられるかもしれないと、私は感謝と喜びを感じていたのです。

コー医師は私に、公の場で自分の体験を話す気はあるかと尋ねました。彼曰く、自分は本来疑り深い人間だけど、病院の記録を読んでものすごく興味をそそられ、自分の研究で私のケースを直ちに利用したいと思ったとのことでした。そして、自らの新たな発見を医学界に伝えるために、香港滞在中に会議を開く計画を立てているので、そこで私に話をしてほしいと頼みました。すでに、地元の医師の何人かに私のケースについて話しており、私の体験の背景や、私が従来の治療法にはあまり気が進まなかったことなどの情報も伝えてあるということでした。

コー医師は、医学界が、直接私からこの体験について話を聞くことが重要だと感じていました。これほど癌が進行した段階で、跡かたもなく、しかもすごいスピードで消えたという例は見たことがないと言い、このことを知らせるのが重要だと信じていました。私は、自分に起こったことを話してほしいと頼まれたことが嬉しく、ぜひみんなに伝えたいと思い、会議で話をすることを承諾しました。

コー医師は、私たちの家庭医であるブライアン・ウォーカー医師とも連絡を取りました。ウォーカー医師は私の回復にとても驚いたと認め、これほど進んだステージの癌で急速に治癒した例は見たことがないと、何度も繰り返して言いました。そして、長年にわたる私の癌の進行についてコー医師と意見交換をしたのち、彼の見解の多くを正しいと認め、支持したのです。コー医師は報道機関に連絡をし、記者たちにも来てもらい、地元の新聞に私の記事が載るように手配しました。

次に、コー医師が私の病院の記録を調査して書いた報告書から、彼の許可を得てその一部を紹介しましょう。この報告書は、会議に関係する報道機関や医学界へ電子メールで送られました。癌専門医の立場から、私の体験についての詳細が記述されており、私の個人的体験を裏づけています。

＊＊＊

(以下、コー医師の記述)

アニータの体験談に、私と同様の強い衝撃を受けたことと思います。私にとって、この出会いは、驚嘆すべき出来事でした。先月香港を訪れたのは、彼女の病歴を綿密に調査し、彼女の主張が立証できるかどうかを確かめるためでした。事実にもとづいた詳細に納得し、私は彼女の貴重な体験にますます興味を抱くようになりました。彼女が持ち帰ったメッセージには特に興味を持っています。臨床記録は、一般の読者にとって少々退屈かもしれませんが、参考資料にしていただきたいと思います。これを読めば、アニータがいかに深刻な病状から劇的回復を遂げたのか、十分理解できるでしょう。いくつかの個人的見解を加えましたが、それがアニータの話のしっかりした裏づけになるよう願っています。

1. アニータの病状の経過

二〇〇二年の春、彼女は、左鎖骨上部に固い腫れものがあるのに気づいた。明らかに、これは彼女の主治医にとって警戒すべきサインだった。その年の四月、生体組織検査によって、ホジキンリンパ腫（悪性リンパ腫の一種）で、「ステージⅡＡ（初期から中期／自覚症状なし）」と診断された。従来の治療法は気が進まなかったため、彼女はさまざまな代替治療を試みた。その後の二年半で病気はゆっくりと進行し、二〇〇五年には健康状態が損なわれ、癌は他のリンパ節へと広がり、大きくなっていった。この頃には、寝汗、微熱、皮膚のかゆみのような〝B症状〟と我々が呼ぶものが現れてくる。さらに、両肺に胸水がたまり、呼吸困難になったので、その年には数回にわたって胸水を抜く処置が行われた。同年のクリスマスまでに、彼女の病状は進行し、下降線をたどり続けた。彼女の首と胸壁の癌は皮膚にも浸潤し、感染性皮膚潰瘍を引き起こした。栄養摂取もできず、体重減少、疲労感、筋力の低下、そして腎機能の低下が起こり始めた。

二〇〇六年二月二日の朝、彼女は起床できなかった。顔全体、首、左腕が風船のように膨らみ、目は腫れて閉じたままだった。これらはすべて、リンパ腫が大きく広がったために、頭部や首からの静脈還流が弱まったためである。すでに携帯用酸素ボンベを使用していたが、多量の胸水のために息ができず喘いでいた。夫と母親はすぐに家庭医に連絡をし、急いで総合病院へ連れて行くようにという指示を受けた。搬送先の病院では癌専門医が待機していたが、アニータの病状を見てショックを受けた。難しい決断に迫られ、もう一人の癌専門医が呼び出された。さまざまな臓器機能の障害に対処するため、他の専門医たちも招集された。そして、しかるべき医学的処置をしなければ、彼女は助からないだろうという合意に達した。多臓器不全の状態であるという見地から、抗がん剤投与は危険すぎたが、彼女が生き延びるための唯一の治療法だった。その夜、彼女はMRIとCTで複数の検査を行い、二リットルの胸水を抜き取り、七つの抗がん剤のうち三つを処方され、集中治療室に入れられた。この時、アニータは、彼女が臨死体験と呼ぶものを体験し始めていた。

＊抗がん剤治療では、七種類の薬を八サイクル処方するが、それぞれのサイクルに三週間ずつかかる。

2．臨死体験後の目覚ましい回復ぶり

二月三日の夕方、アニータは目覚めて、ベッドの上に起き上がると、自分はもう大丈夫だと家族に告げた。主治医の癌専門医と話をし、主治医は、昏睡状態だったはずのアニータが自分のことを覚えていたことに当惑した。

二月四日、アニータは、鼻腔栄養チューブを抜くよう医師に要求し、そのかわり食事をとると医師に約束した。さらに、自宅からiPodを持ってきてくれるように夫に頼んだ。

二月五日、アニータは、診察に来た医師たちを「パーティーに参加しませんか」と誘った。

二月六日、医師たちは、彼女を集中治療室から一般病棟へ移すことに同意した。

この時までに、彼女の首や顔の腫れはほとんどひいていた。かなり大きくなっていたリンパ節は柔らかくなり、頭を動かせるまでになった。治療の最初のサイクルは、二月中旬に終わった。

形成外科医に、次の検査と処置が依頼された。

(a)　首のリンパ節生検

(b)　首と腋下にある大きく口を開いた炎症箇所への皮膚移植

形成外科医はリンパ腫を見つけることができず、生検の前に超音波検査をすることにした。また、同時に皮膚移植をする予定だった。

三度にわたり超音波検査をしたが、腫大化しているリンパ節は見つからなかった。二月二十七日、彼は首のリンパ節から組織片を摂取したが、癌の痕跡はまったく見られなかった。皮膚病変は、皮膚移植をしなくとも自然に治癒した。

三月九日、治療の第二サイクル後、癌専門医はやっと家に帰ることを許可した。アニータは、三月十六日、ジミーズ・キッチンで誕生日を祝い、三月二十六日には結婚式に出席し、ダンスを踊ってシャンパンを飲んだ。それから、治療の第三サイクルが始まった。第六サイクルのあと（七月二十四日）、PET―CT検査を行って、医師たちはようやく妥協に応じ、アニータは完全に健康だと太鼓判を押されて、二サイクル残した状態で治療を終了した。

彼女の回復ぶりは、間違いなく〝注目に値する〟ものである。私自身の経験と数人の同僚の意見にもとづけば、彼女の劇的な回復は、抗がん剤治療によるものだとは考えられない。私たちの知る癌細胞の性質からすれば、非物質的な何かが癌細胞の遺伝子が現れるスイッチを切ったか、あるいは癌細胞の死が起こるような信号を送ったと推測する。正確なメカニズムは私たちには未知のままであるが、抗がん剤による結果とは思えない。

アニータとの出会いによって、私は、この現象、そして、私たち人類の本質について、さらに学ぶためのきっかけを与えられたと考えている。

＊　＊　＊

会議には、医師、特に、大学病院の癌部門の教授たちが出席しました。そのほか、私やコー医師や教授たちが招待した人たちがいました。会議に続いて、コー医師、ウォーカー医師と私の三人は、ラジオ番組のインタビューを受けました（この時の新聞記事とラジオインタビューは、私のウェブサイトwww.anitamoorjani.comに載っています）。

会議を通して香港大学の医学部教授と知り合い、私は、行動学研究科のコンサルタントとして招かれました。私の仕事は、癌や死に直面した時の心理について研究している教授たちと話をし、助言することでした。この主題について、定期的に教授や学生たちと話ができることを私はとても楽しみにしていました。

コー医師は、病院のファイルを医学的に調査した結果と疑問点をまとめて、世界中の癌研究所へ送りました。今日まで、彼の疑問に対する答えを見つけた研究所は一つもなく、癌からこれほど劇的な回復をした実例にも出会っていません。

＊　＊　＊

次に、コー医師にとって、まだ謎に包まれている説明のつかない現象を紹介しましょう。

・私のカルテには、病院へ運ばれてきた時、私の臓器はすでに機能不全に陥っていたが、再び機能し始めたと記されている。コー医師は、それを回復させたものが何であるか非常に興味を持った。さらに、「患者の家族には告知した」という癌専門医の所見は、私の臨終が近いと家族に知らせたことだと解釈し、それに注目している。

・カルテによると、レモン大の癌が、首、腋の下、胸、腹部まで身体中に存在していた。しかし、数日後、その大きさは、少なくとも七十パーセントも縮小した。コー医師は、臓器が弱っている状態で、莫大な数の癌細胞がどのようにしてそれほど早く消えたのかということに興味がある。

・私には、癌による皮膚病変があった。カルテには、栄養状態が悪く、自然治癒は不可能なので、形成手術が必要だと記されている。というのも、病院へ運ばれてきた時には完全な栄養失調状態で、筋肉もすでに衰えていたからである。医師たちの所見には、私にもう少し体力がついてから形成外科に手術を依頼するとあった。しかし、医師が手術の計画をするかなり前に、私の傷は自然治癒してしまった。

これらはすべて、コー医師や他の医師たちがその答えを知りたいと願っている一つの問いに集約されるでしょう。つまり、「何がアニータの身体を死から回復へと方向転換させるスイッチを押したのか？」という問いです。

私は、その問いの答えを知っています。けれど、それは現代医学で見つけられるものではありません。

第12章 大きな意識の変化

病院から退院して最初の数ヶ月は、まるでずっとハイのように幸福感であふれていました。あらゆるものや人が美しく見えて、ありふれた物や出来事にさえ、魔法や驚きを感じたのです。たとえば、居間の家具は、長年そこにあって特別だと思ったことなどありませんでしたが、病院から戻ったあと、これまで気づかなかった木工細工の美しさに目を見張りました。この家具の製作者の苦心が伝わってくるようでした。自分の車を運転した時も同じでした（癌のため八ヶ月間も運転していませんでした）。手や目や足を巧みに動かしながら、細い道路を運転できる自分の能力に畏敬の念を抱いたのです。私は、人間の身体と生命のすばらしさに、ただ驚くばかりでした。

数ヶ月が過ぎた頃、自分の人生で何かをする必要があると感じ始めました。しかし、何をしたいのか考えると気が遠くなりそうでした。一体どこから始めてよいのか、まったく見当もつかなかったのです。病気になる前と現在では、世界は同じ場所ではありませんでした。病気になってからというもの、すべての注意をそこに注ぎ、この四年間、私は病気と闘うことしかしていなかったのです。病気に関する本を読み、癌についてあらゆることを学びました。私の生きる目的は、癌を治すことだけでした。ある意味、人生よりも、癌という病気によっぽど深く関わっていたようです。それがなくなってしまった今、残りの人生をどう過ごせばよいというのでしょうか？

癌と診断される以前、私はとても独立心が旺盛でしたが、闘病中はダニーや家族に頼りっぱなしでした。元気になって一人で生活できるようになると、みんなそれぞれの生活に戻っていきました。ダニーは仕事に戻り、母と兄はインドへ帰ってしまい、私は一人残されて、自分はいったい何をしたいのかと考えるようになりました。

前に働いていたリロケーションの仕事に戻りたいとは思いませんでした。癌と診断されてからまもなく仕事を辞め、自分の後任の面接も行いました。この四年間、癌の治療に専念し、まったく働いていなかったのです。でも、今仕事に戻ることを考えるのは自分のやりたい本当のものではないような感じがし、自分はもう前の自分ではないということも十分わかっていました。

自分が、周囲の人たちとしっくりこないようにも感じました。もっと正確に言えば、他の人が自分のことを理解できないように思えたのです。仕事に戻ることを考えても、自分が何をしたいのかわからず、ピッタリの仕事は何もないようでした。まるで、地球上の人々や彼らの価値観に、自分が適合していない感じだったのです。以前の優先順位は変わってしまい、オフィスで上司の

郵便はがき

料金受取人払郵便

神田局承認

1916

差出有効期間
2025年7月
31日まで
切手を貼らずに
お出しください。

101-8796

509

東京都千代田区神田神保町3-2
高橋ビル2階

株式会社 ナチュラルスピリット

愛読者カード係 行

フリガナ お名前			性別 男・女
年齢	歳	ご職業	
ご住所	〒		
電話			
FAX			
E-mail			
ご購入先	□ 書店（書店名: □ ネット（サイト名: □ その他（		

ご記入いただいたお名前、ご住所、メールアドレスなどの個人情報は、企画の参考、アンケート依頼、商品情報の案内に使用し、そのほかの目的では使用いたしません。

ご愛読者カード

購読ありがとうございました。このカードは今後の参考にさせていただきたいと思いますので、
アンケートにご記入のうえ、お送りくださいますようお願いいたします。

小社では、メールマガジン「ナチュラルスピリット通信」（無料）を発行しています。
ご登録は、小社ホームページよりお願いします。**https://www.naturalspirit.co.jp/**
最新の情報を配信しておりますので、ぜひご利用下さい。

●お買い上げいただいた本のタイトル

●この本をどこでお知りになりましたか。

1. 書店で見て
2. 知人の紹介
3. 新聞・雑誌広告で見て
4. DM
5. その他（　　　　　　　　　　　　　　　　　　　　　　　　）

●ご購読の動機

●この本をお読みになってのご感想をお聞かせください。

●今後どのような本の出版を希望されますか？

購入申込書

郵便振替用紙をお送りしますので到着しだいお振込みください（送料をご負担いただきます）

書　籍　名	冊数
	冊
	冊

●弊社からのDMを送らせていただく場合がありますがよろしいでしょうか？

□はい　　□いいえ

ために働いたり、お金を儲けるために働いたりすることにはもう興味がありませんでした。人とのネットワークを築きたいとも、仕事のあとに友人と出かけたいとも思えず、ラッシュアワーの中を通勤するのも気が重く、臨死体験後、初めて自分を見失った感じがして、孤独でした。

日々の出来事について会話をするのが、どんどんつらくなっていきました。注意力が散漫になり、友人と話している最中でさえ、心があちこちにさまよいました。政治やニュースから友人たちがしていることまで、完全に興味を失ってしまったのです。けれど、海辺に座ってアイスクリームを食べながら、太陽が水平線に沈んでいくのを眺めていると、強く胸を打たれました。まるで、生まれて初めて、この世の美しさを体験している感じでした。足で濡れた砂と戯れながら、夕暮れのオレンジ色の輝きが海に反射している景色を見て、これまでにない畏敬の念で満たされました。ベルギーチョコのアイスクリームの美味しさに、初めてアイスクリームを食べたような気がしたのです。

私は、あらゆるものの中に――動物や昆虫にも――神を見ました。以前よりも自然により興味を持つようになりました。うるさくまとわりつく蚊さえ殺すことができなくなりました。蚊も生命の現れなので、そのように敬われるべきだと思ったからです。蚊にも目的があるのです。それが何かはわかりませんが、私と同じように目的を持つということだけはわかりました。

毎朝、私は新しい世界を探求したいという気持ちで目覚めました。毎日を新しい冒険のように、歩いたり、運転したり、探検したり、丘や砂浜に座ったりして、ただこの人生を楽しみたかったのです。都会の環境にも深く興味がわいてきて、まったく新しいものとして体験しました。市場を見て歩き、都会の景色やネオンの灯る超高層ビルの美しいスカイラインを楽しみ、ものすごく効率的な公共交通システムや、香港を構成するさまざまな島々をつなぐため、海上に伸びた見事なつり橋に感心しました。そのすべてに私は畏敬の念を抱いたのです。

このような毎日の楽しい体験に、まるで生まれたばかりのようだと感じました。二〇〇六年二月三日に、私は再び、この世に生まれてきたのでしょう。

同時に、昔の友人たちとは心が通じないと思うようになりました。みんな久しぶりに私と会いたいと言ってくれましたが、臨死体験がどれほど深く私に影響を与えたのか、ほとんど誰も理解してはいませんでした。社交的な場では、落ち着かず、じれったい気がしました。長時間座ったままで、日常のありふれたことについて話すことに耐えられなくなったのです。

人々は、人生の〝奇跡〟を感じる能力を失っているように思えました。周りの世界や生きていること自体に対する私の驚きや感激を、彼らはまったく理解してくれませんでした。日々の予定に没頭し、次にすべきことばかり考えているのです。臨死体験をする前は、私も同じでした。何かをすることに夢中で、この瞬間にただ存在するということを忘れていました。

私は、自分の目の前で、何かすばらしいことが展開しようとしている感じがしてなりませんでした。癌との闘病、そして臨死体験という経験には、何か偉大な目的が潜んでいる気がしたのです。でも、心がワクワクしてすばらしい冒険が始まる予感を抱きながらも、それを実現するために何かをしなければいけないとか、追い求める必要があるとは思いませんでした。恐れることなく、ただ自分自身でいさえすればよかったのです。そうしていれば、愛の道具になれること、そしてそれが、地球と自分自身のためにできる最善のこととわかっていました。

このことを理解してから、あらゆる問題がさほど大きなものには思えなくなりました。私自身もかつてはそうでしたが、人々は人生や問題をあまりにも深刻にとらえすぎている気がしました。私も、自分の問題だけでなく、他人の問題の大騒ぎによく関わっていたものです。けれど、臨死体験後は、今、生きていて、自分を表現するチャンスをもう一度与えられたことがただ嬉しくてなりません。このすばらしい冒険におけるわずかな時間も無駄にしたくはないのです。可能なかぎり自分自身でいて、生きている時の楽しいひとときを味わいたいと思っています。

将来のことや、お金や仕事、家庭内の問題などについて心配するように、日常的なつまらない問題で身動きがとれなくなるのは嫌でした。このようなことはすべてあまり重要でないように思えました。それは、自分の目の前で展開しているプロセスを信じていたからでしょう。

楽しんで、笑うことが大切に思えました。私は、これまでにないほど明るい気分で、よく笑うようになりました。そして、同じような価値観を持つ人たちとの付き合いを楽しみました。

病気や政治や死についての会話になると、臨死体験のせいで自分の意見があまりにも他人と食い違い、話には参加できませんでした。判断や識別する能力が〝十分機能しなくなった〟ことにも気づき始めました。もはや良いか悪いか、正しいか誤りかについてはっきり区別できなかったのです。それは、臨死体験中、どんな判断もしなかったからでした。そこには思いやりだけが存在し、愛が無条件で与えられました。今でも私は、自分自身や周囲の人たちに対して、そのような思いやりや愛を感じています。

ですから、世の中の犯罪やテロの被害者はもちろんですが、その犯罪者やテロリストに対してさえ思いやりを感じるようになりました。これまで考えたこともないような理解に到達したのです。つまり、そのようなことをした人は、混乱やイライラや苦しみや自己嫌悪でいっぱいに違いないとわかったのです。自分の夢に向かって生きている幸せな人が、そのような行為をするはずがありません。自分を大切にしている人たちは他人にも優しく、無条件で愛を分かち合います。罪を犯すのは、その人が心の病気にかかっているせいに違いないでしょう。ですから、それは癌にかかっているのと同じようなものなのです。

にもかかわらず、そのような〝精神的な〟癌を患っている人たちは、私たちの社会で侮辱を受けているとわかりました。彼らの状況に対して実際的な助けはほとんど与えられていません。それゆえ、ますます症状がひどくなるのです。このような扱いを続ければ、私たちの社会に存在する〝癌〟はますます増殖していくでしょう。私たちは、精神的癒しや身体的癒しを促すような社会を創造していません。

これまで述べたことは、私がもはや〝私たち〟と〝彼ら〟、すなわち〝被害者〟と〝加害者〟という言葉を使って、世の中を見ることができなくなったということを意味します。私にとって〝彼ら〟は存在せず、すべてが〝私たち〟なのです。私たちはみんな一つであり、私たち自身の創造物で、私たちの思考や行動や信念が創り上げたものです。犯罪者でさえ、自己嫌悪や苦しみの被害者なのです。

さらに、私にとって、もはや死は、他の人が考えているのとは異なるものになりました。ですから、誰かが亡くなっても、嘆き悲しむことがとても難しくなったのです。もちろん、親しい人が亡くなると、この世でもう会えないことを悲しみますが、亡くなった人のためには、悲しまなくなりました。それは、彼らがもう一つの世界へと移動し、幸せだと知っているからです。そこで悲しんでいるはずなどありません。それと同時に、死でさえ完璧であり、あらゆるものが、より大きなタペストリーの中で、予定通りに展開していることもわかっていました。

自分の考えが大きく変化したので、誤解されたくないと思い、自分の意見を言うのは慎むようになりました。残酷なテロリストでも死後に裁きを受けることはないという考えは、他人にとって理解しがたいだろうと十分わかっていたからです。私は、テロリストに対してさえ思いやりを感じ、どうしてそのような行為をしてしまったのかをはっきり理解できました。もっと現実的レベルで話せば、自分にとって正しいと思えないような宗教的、あるいは文化的教えには、たとえ従わなくても、死後に裁かれるなどということは絶対にないとわかっていました。

このような理由から、ダニーといる以外は、一人きりで過ごすことが多くなっていきました。ダニーと一緒にいると安心しました。彼は私を判断しないと知っていましたから。私の人生という旅の中で、夫はいつも私とともにいてくれ、私を理解している数少ない一人です。私が自分の感情や思いを話すのをじっと聞いてくれて、この変化を理解できるように助けてくれました。

私にはいつも、自分の体験を話し、何が起きたのか理解し、それを解明したいという欲求がありました。そこで、ダニーは、私の感情を外に出すために、それを書いてみたらどうかと勧めてくれたのです。私は自分の体験を書き始め、インターネット上のフォーラムやブログにも書いたりしているうちに、この方法には、とても癒しの効果があるとわかりました。

第13章 恐れずに生きる

臨死体験後、友人たちの中で、私の新しい人生観を分かち合ったり、理解してくれる人はほとんどいませんでした。でも、私はもうそのことを恐れていません。病気も、年をとることも、死も、お金を失うことも怖くありません。死はいつも最悪のシナリオだと考えられているので、死ぬことが恐ろしくなくなったら、恐れるものはほかにあまりないからです。最悪のものにひるまなければ、ほかに怖いものがあるでしょうか？

私にはこの世がまだ現実のものに思えず、再び人生に戻るのが難しくもありました。向こう側の世界のほうが、ずっと本物に感じられたのです。自分の体験を記述していくにつれて、人々があらゆることをいかに深刻に受け止めているかということにも気づきました。たとえば、ほかに楽しみ、感謝すべきものがたくさんありながらも、みんなお金や経済的なことについてかなりのストレスを感じています。私は、どうしてお金のために、愛とか人間関係とか才能とか創造性や個性のような大切なものを無視して、好きでもない仕事に就いて何時間も働いているのか理解できませんでした。彼らの人生観は、間違っているように思えたのです。優先順位や価値観がずれていて、すべてさかさまのような気がしました。ひょっとすると、私も以前はそうだったかもしれませんが、もう二度ともとへ戻ることはないでしょう。

「お金のためだけに、好きでもない仕事をするなんてことは二度とないわ。仕事だけでなく物事を決める基準も、今ではまったく違うもの。私の人生や今という時間が、私にとって、一番かけがえのないものだもの」と思いました。

私が癌になり、死にかけるのを間近で見るという強烈な体験をしたあと、ダニーにとってもすべてが変わってしまいました。私が病気になる前、彼は多国籍企業の営業マーケティングの仕事をしており、アジア地域の責任者でした。二人で一緒にあらゆることを乗り越えた今、もはやその仕事から得られる感動はなく、つまらなさを感じていたのです。私たちは共に成長し、変化し、とても多くのことを学びました。

ダニーにはずっと、自分のビジネスを始めたいという夢がありました。そこで、「それを実行してみたらどう？」と、私は彼を励ましたのです。臨死体験をする前なら、あまりにもリスクが大きすぎると考え、怖くて彼の応援などできなかったでしょう。もし失敗したら、どうやって生活すればよいのかと心配ばかりしたはずです。

でも、私の見方は大きく変わりました。後悔なく人生を生きることと同じくらい、彼の夢の実現がとても大切に思えるようになりました。ですから、これまでずっとやりたいと思っていたビジネスを始めてみたらと、彼の背中を押したのです。それは、学生や企業のために、職務適性や能力評価を行うツールを開発し、提供するというビジネスでした。

実は、私の世話のために長期にわたって仕事を休んだことで、ダニーは会社を解雇されました。ですから、自分の仕事を始めるまたとないタイミングでした。これまでなら、私は心を取り乱していたことでしょう。でも、臨死体験後は、このような出来事は、私たちのために宇宙が働いている一つのサインだと思うようになりました。それは、もっとワクワクすることをやってみるチャンスだったのです。

この新しい冒険のためには、生活を思い切り縮小することが必要でした。私たちは小さな家に引っ越し、個人支出を大幅に切り詰めました。結局、香港の活気あふれる中心部から遠く離れたつつましやかな新居に落ち着きました。中国との国境に近い田舎だったので、インド人社会からも離れ、自分たちの生活を立て直す良い機会になったのです。これまでの生活とはずいぶんかけ離れた、まさに新しい人生のスタートでした。

以前なら、ダニーが仕事を失ったことや、生活を縮小して中心部から引っ越すことなどは、ネガティブで不運なことだと考えたでしょう。それは、自分の安全を脅かすもので、かなりの恐れを抱いたに違いありません。けれど、「恐れずに、もう一度、自分の人生を生き直しなさい！」という言葉が私の頭でずっと鳴り響いており、すべてうまくいくと知っていました。臨死体験から持ち帰ったたくさんのメッセージ――私たちはみんな一つ、私たちの中心は愛、誰もがすばらしい――の中で、これが一番強力で、いつも心の中で聞こえていたのです。そのメッセージは、父の声かソニの声で聞こえてきました。すべての出来事は、展開されつつある大きな冒険の一部に思われました。

それに加えて、臨死体験のおかげで私は、外側で起こっていることが内側に影響するのではなく、内側にあるものが外側に反映するのだと考えるようになりました。以前は、外側の世界が現実で、その範囲内で努力しなければいけないと思っていたのです。おそらくほとんどの人が、そのように考えているでしょう。この考え方では、自分のパワーを外の世界に与えてしまい、外側での出来事に、自分の行いも気分も思考も支配されることになります。感情的な反応や気持ちには実体がないので、現実のものではなく、外側の出来事に対する反応にすぎないと思いがちです。そのような考えでは、私たちは、自分の人生の創造者ではなく、状況の被害者になってしまうでしょう。私が癌にかかったことでさえ、たまたま外側で〝起こった〟出来事でしかないということになるのです。

しかし、臨死体験をしてから、自分は神と一つであり、偉大なる全体の一部だと考えるようになりました。その中には、全宇宙のあらゆるものが含まれます。過去に存在したものも、未来に存在するものもすべて含まれます。すべてがつながっているのです。私は、自分がこの宇宙の中心にいると理解し、誰もがこの偉大な宇宙の中心にいて、それぞれの立場で表現しているのだとわかりました。

時間が経つにつれて、ダニーとともに新しい生活を築きながら、私はこの真実をより具体的に理解するようになりました。あらゆるものがつながり合うクモの巣の中に存在し、誰でもそのクモの巣のどの点にもアクセスできるのですが、任意の点における私の世界は、その時点までの私の思考、感情、経験、人間関係、出来事からなるタペストリーなのです。それらが私のタペストリーに持ち込まれるまでは、何も存在しません。私は、自分の経験や気づきを拡張したり、制限したりすることで、そのタペストリーを大きく、または、小さくできるのです。また、自分が観察できるものの選択肢はあらかじめ決まっているようにも感じました。

何かが私の気づきの中に入ると、それは私のタペストリーの一部になります。倉庫のたとえ話に戻れば、自分の懐中電灯でそれを照らしたということです。つまり、それが私にとっての真実の一部になったという意味です。

私の人生の目的は、自分のタペストリーを拡大し、もっと多くのすばらしい体験を自分の人生へ招き入れることです。ですから私は、自分が過去に限界だと考えていたあらゆる領域で、可能だと思える範囲を広げようとしました。私たちみんなが真実だと考えていることの中に、実は、社会的な思い込みにすぎないものがないかどうか、調べ始めたのです。過去に、自分がネガティブあるいは不可能だと判断していたものをもう一度よく見てみました。特に、自分の中に、恐れや不十分だという思いを引き起こしたものについて考えてみました。

「どうして私はこれを信じているんだろう？　これは文化的、社会的な条件づけじゃないだろうか？　その時は私に当てはまっていたことかもしれないけれど、今でも真実なのだろうか？　子ども時代に教えられたことをずっと信じているのは、私の役に立つことなの？」

なかにはそういうものもあるかもしれませんが、多くの場合、答えはノーでしょう。

私は、女性は従順であるべきだと教えられて育ちました。自己主張や積極性が強すぎる女性や仕事で高い地位を得ている女性に対して、常に一定の非難がありました。というのは、女性の主たる役割は、良い妻と母であることだったからです。私は、この基準に当てはまりませんでした。

これらの社会的期待に応えられず、ずっと自分を非難して、自分につらくあたってきたのです。私はいつも不適格者だと感じていました。けれど、臨死体験のあと、それは社会的に決められた偽りの基準にすぎないとわかったのです。

さらに、自分は十分スピリチュアルとは言えず、その分野で研鑽を積む必要があると思ってもいました。しかし、私たちが何をしようが、何を信じていようが、誰でもスピリチュアルな存在なのだと悟りました。私たちはもともとスピリチュアルな存在であり、それ以外のものにはなりえないのです。自分自身がそのことを理解していないだけでした。

本当の喜びや幸せは、自分を愛し、自分の心に従い、ワクワクすることをしている時に、見つけられるのです。私の人生が方向性を失ったように思え、どうしてよいか途方に暮れるのは（今でもよくあることです）、自分を見失っているからだとわかりました。そういう時は、本当の自分、ここにやってきた目的とのつながりを見失ってしまっているのです。このことは、自分の内なる声に耳を傾けず、テレビや新聞や薬品会社や仲間や文化的あるいは社会的な思い込みなどに、自分の力を渡してしまった時に起こりがちです。

以前は、迷うとまず外側に答えを見つけようとしました。本や先生やグルに頼り、自分に答えを与えてほしいと望みました。それは、初めて癌の診断を受けた時、まさに私がしたことでした。でも、その結果、ますます方向性を見失うことになっただけでした。自分のパワーを他人に与えてしまったからです。

内側が外側に影響を与えるという見方は、自分の内なる導きを十分に信頼することを意味します。それは、私の感じていることが、私の宇宙全体に影響を及ぼすということです。言い換えれば、私はクモの巣状の宇宙の中心にいるので、全体に影響を与えているのです。ですから、もし私が幸せなら、宇宙も幸せです。私が自分を愛していれば、他のみんなも私を愛するでしょう。もし私が平和なら、すべての創造物が平和なのです。

それがわかってからは、状況が困難に思えたら、それを物理的に変えようとするのではなく（臨死体験の前に、私がしていたことですが）、まず自分の内側の世界を調べるようになりました。ストレスや不安、惨めさを感じたら、内側に入って、その感情と向き合いました。気持ちが落ち着き、自分の中心を感じられるまで、一人で座ったり、自然の中を歩いたり、音楽を聴いたりするのです。そうすると、外側の世界も変わり始めて、何もしなくても障害物が消えていくということに気づきました。

〝中心にいる〟ということは、自分の宇宙の中心にいて、自分の居場所に気づいているということです。そこは、私たちがいつもいる唯一の場所です。その中心にいて、自分があらゆるものの中心だと感じることが大切なのです。

しかし、時々、私は宇宙の中心にいることを忘れて、物質世界のドラマや矛盾や恐れや苦しみにとらわれてしまい、すばらしい、無限の存在だという本来の自分の姿が見えなくなります。

幸い、そんな時でも、決して中心とのつながりが切れてしまうわけではありません。一時的に見失い、そこからやってくる安らぎや喜びが感じられないだけです。私たちは、分離の幻想にとらわれて、光と影、あるいは陰と陽のように、幸せと悲しみは本来共にあるものだということがわからなくなります。分離の感覚は二元性という幻想の一部にすぎず、その幻想がワンネスへの気づきを難しくしているのです。しかし、中心にいるということは、その幻想を超えて、再びすべての中心、すなわちワンネスの中心にある自らの無限の場所を感じることを意味します。

さらに私は、人はみんな、宇宙と一つであると直感的にわかりました。それゆえ、自分が身体にいる時も、クモの巣状の偉大な宇宙の中心にいると知ったのです。これは、自分のすばらしさや無限の存在とのつながりに気づいたのと同じでした。

月日が経つにつれて、私はこれらの気づきをもっと実践に移すようになりました。やらなくてはいけないことがたくさんあってストレスの多い状況で、自分の中心に戻るために休んだりするのは時間の無駄だと責められたこともあります。けれど私は、もし物質的レベルで物事を解決しようとすれば、余計に進行が遅くなることを知っていました。今でも、このようなやり方で問題に対処してしまうと、ねばねばしたシロップの中を歩いているように、かなりのイライラとストレスを感じます。

逆に、周囲の人がどう思おうと時間をとって自分の中心に戻るようにすると、全体とのつながりに気づけて落ち着きや満足感を取り戻すことができ、大きな障害のほとんどは消えてしまいました。その間にすごい明晰さを受け取り、単に中心にいるというだけで、残っている問題の多くが消えていったのです。外側から対処するよりも、このほうがよっぽど効果的な方法だとわかりました。この確信は臨死体験によって得られたもので、自分が偉大な宇宙のタペストリーの一部であり、私はその中心にいて、心の内側に入れば全宇宙とつながれると悟ったことからやってきたものです。

臨死体験後の数年間で、外面的に必要なものも変化しました。最高の気分になるには、自然の中、特に海の近くに行けばよいとわかったのです。退院してから最初の数日間に感じた驚きに似ていますが、海を眺めたり、波の音を聞いていると、臨死体験中の状態にすぐつながることができました。

私は、親しくなった友人や家族が、同じように変化していくのを見て喜んでいます。奇妙に聞こえるかもしれませんが、臨死体験後、多くの人が、私のそばにいるとエネルギーが変わるのを感じると言うのです。このことについてはめったに話していません。というのは、そのような変化は自分の内側からやってくるものだと信じているからです。私は、彼らが経験する準備のできたものを映し出しているにすぎません。

自分自身の体験から、私は、誰でも自分を癒し、他人の癒しを助ける能力を持っていると確信しています。自分の内側にある無限の場所——つまり全体——とつながれば、病気は身体の中に存在できなくなるのです。私たちはみんなつながっているので、一人の健康が他人の健康に影響を与え、彼らの回復を促すことでしょう。私たちが他人を癒す時、私たちは自分自身とこの地球という惑星をも癒しています。私たちの心以外の場所に、分離は存在しないのです。

今でも、私の人生には浮き沈みがあり、時には中心に戻れるようかなりの努力をしなければなりません。家事や諸経費の支払いなどという日常的雑務をこなす必要もありますが、臨死体験のあと、そのようなことに集中するのが大変になりました。でも、宇宙の中で自分の場所を再び見つけ、「恐れずに、もう一度人生を生きなさい」という言葉を魂の中で感じられない日は一日もありません。

それから、数人の新しい友人はできましたが、昔の友人たちと親しくするのは難しいと感じるようになりました。私は以前のように社交的ではなく、彼らと同じことを楽しめないからです。かつては多くの友人がいましたが、現在は、ごくごく少ない人だけとプライベートのお付き合いをしています。その多くは、この数年間に臨死体験のグループを通じて出会った人たちです。彼らの中には、私と似たような体験をした人もいて、その少数の人たちととても親しくしています。

夫や母や兄のことも大切に思っています。彼らは、私が病気で苦しんでいる時、ずっとそばにいてくれました。私は彼らをとても愛しています。他人に対してこれほどの親近感をいだくのは難しくなりました。

人と交わらないようにしているというわけではありません。自分から連絡を取ろうとしていますし、人々がもっと大きな理解を得られるように、喜んで手助けもしています。それは、本を書くことや異文化トレーナーとしての現在の仕事を通して行っています。次の章に書かれていますが、〝ありのままを許容すること〟と〝自分自身でいること〟の大切さが、この偉大な冒険の中で、私に一番大きな影響を与え、現在の生活の指針になっています。

第14章 シンクロニシティに導かれて

あなたが手にしているこの本は、私が、自然に起こることを許容していた時に起こったことの証です。この章では、この本が誕生するために起こった数々のシンクロニシティについてお話ししましょう。

臨死体験と癌の治癒のあと、私は幸福感にあふれ、自分が知ったことすべてを屋根の上から叫びたい気分でした。今の私の気分をみんなに感じてもらいたかったのです。けれど、公に自分の体験を話し、注目を浴びることに対して、恐怖感も抱いていました。そのための心の準備がまだできていなかったのです。

人生において陰と陽はいつも共に存在していますが、私は、自分の体験がどのように受け取られるか心配しながらも、もっとたくさんの人たちへ伝える必要があると感じていました。自分の体験を話したい気持ちと、隠れていたい気持ちの両方があったのです。ちょうどよい時が来たら、つまり、自分の中で準備ができたと感じたら、臨死体験中と同じくらい容易に、もっと多くの人の前で体験を分かち合えるよう自然に展開していくだろうとわかっていました。

それまでは、前章で書いたように、ただ自分の体験から得た理解に従って生活していました。いつも自分に正直になり、一番幸せを感じられる方法で生きていたのです。私の体験を聞く準備ができている人、あるいは聞く必要がある人は、向こうから私を見つけてくれると信じていました。私のメッセージが、自然に遠くへ広がっていくことに関しては、いつも心を開いていました。基本的に、ありのままを受け入れる状態でいたのです。そして、その展開は、驚くようなものになりました。


二〇一一年三月、私はアラブ首長国連邦にいました。ドバイでホリスティック・センターを開いたばかりの、子ども時代の親友スニータを訪れたのです。彼女は、ドバイの人たちに私の体験を話してほしいと招待してくれたのですが、それがうまくいって、私は上機嫌でした。観客にどう受け取られるか自信がなかったので、嬉しい驚きでもありました。実際、この旅が内なる変化の引き金となり、自分の体験をもっと大きな世界へ話す準備ができたのです。

ホリスティック・センターで話をしている最中、臨死体験後初めて、自分に変化が起こっているのを感じました。それは私の内部で起こったことでしたが、そこにいたすべての人たちに影響を与え、私は目の前で起こっている癒しに畏敬の念を抱くばかりでした。人々は、私の体験から自分に必要だったものを受け取り、誰もが自分の中で強力な何かが起こっていると実感していたのです。

その時、他の人たちも私が体験したことを知る必要があるのだと、あらためて理解しました。そして、真の自分とのつながりを失い始めていたことにも気づいたのです。私は、恐怖や不安から、再び本当の自分を隠そうとしていました。でも、ドバイにやってきて、拡大したすばらしい自分とのつながりをあらためて感じることができたのです。私は、人生が与えるものを何でも受け取る準備ができていました。その部屋の中で、自分の体験を世界中の人に伝えることへの心理的抵抗をすべて捨て去ることにしました。自分がどのように受け取られるかまったく見当もつきませんでしたが、それでも未知のものを受け入れ、不確かなものを信じると心に決めたのです。

その時点まで、臨死体験は私だけの特別なもので、みんなに伝えるメッセージを持ち帰りはしたものの、そこで得た癒しはおもに自分だけが得た恩恵であると思っていました。そのため、自分の体験を人に話すのが不安でならなかったのです。私の体験から他人がどんな利益を得られるのか、十分に気づいてはいませんでした。けれど、この日、何かが変化しました。参加者の反応と部屋の中で起こっている変化を見ながら、私が癌になったのも、癌が治ったのも地球のために起こったことなのだと、突然悟ったのです。もし私たちがみんな一つならば、私に起こったことは、全員に起こるはずです。そして、私のために起こることは、全宇宙のために起こります。自分が病気になり、向こう側の世界から戻る選択をした理由は、他の人たちにヒーリングを起こすための道具として働くためだと悟りました。それは身体的ヒーリングだけでなく、それ以上に重要な、感情的ヒーリングのためです。というのは、私たちの感情が、実際に物理的現実を動かしているからです。

以前は、癌の治癒が私の旅の終着点であり、人生で起こったあらゆることの頂点で、自分の物語の結末に思えていました。しかし、ドバイで、私の回復は始まりにすぎなかったのだと理解しました。それは、もっとすばらしい展開が待っている新しい章の始まりで、私に必要なのは、その不確かさの中へ足を踏み入れることだったのです。

ここでも、自分は何もする必要がないとわかっていました。自然に起こることを許していれば、展開していくに違いないのです。その瞬間、「何でもやってきなさい！　私のためにやってくることなら、何でも受け入れるから！　ようやく私は理解したわ！」と思いました。

ドバイには一週間滞在しました。三月十六日、朝目覚めて、友人や家族から誕生日祝いのメールが来ているだろうと、インターネットにアクセスしました。すると、驚いたことに、ヘイ・ハウスの編集アシスタントからメールが届いていたのです。それは次のようなものでした。「ウエイン・ダイアー博士があなたの臨死体験談を読んで、大ファンになったそうです。もしご自身の体験談を書きたいと思われているなら、私たちヘイ・ハウス出版に、ぜひそのお手伝いをさせてください」

このメールを読みながら、涙が止まりませんでした。何とすばらしい誕生日プレゼントでしょうか！　それはまさに、前日、私が感じたことが現実となった証でもありました。

私はすでに本を書き始めていて、どのようにしたら出版できるのか考えていたのです。けれど、それは到底私の手の届くものには思えませんでした。それだけでなく、ほんの昨日までは、多くの人たちに自分の体験を伝える準備が十分できていなかったのです。

この数ヶ月間、たくさんの人から臨死体験について本を書かないのかと尋ねられ、書く予定だと答えると、もう出版社は決まったのかと聞かれました。まだだと言うと、ほとんどの人がこう言いました。

「あなたの体験が驚くようなものでも、出版社を見つけるのはかなり大変ですよ。最近は、原稿を読んでもらうことすら難しいんです。今は似たようなスピリチュアル系のものが多いから、目に留まらないかもしれません。何度も断られる覚悟をしておいたほうがいいですよ」

さらには、こんなことも言われました。

「原稿を出版社にきちんと届けるには、著作権代理人が必要です。彼らを通さない原稿は見向きもされません」「自費出版したほうがいいですよ。そのほうがずっと簡単ですから」

このようなことを言った人たちに、私はこう答えました。「私は、次々と出版社のドアをたたいたり、自分の本を読んでほしいとみんなにぺこぺこするつもりはありません。私の体験談は、しかるべきスピードで広まっていくはずです。もし大勢の人に読んでもらうべきものなら、宇宙がそのようにしてくれるでしょう」

私は数人の友人に、「いつかヘイ・ハウス出版から本を出せるのを夢見てるの。だって、あそこはこの分野で一番で、大好きな著者がたくさん出版しているもの」と言っていました。でも、ヘイ・ハウスのサイトをチェックしてみると、著作権代理人を通さなければ原稿を受けつけないことがわかり、私はどうやって代理人を探してよいのかさえわからず、結局そのままになっていたのです。

すでにお話ししましたが、臨死体験をしてから、大きな何かが起こっていると感じていました。自分の人生が望む方向へ向かっているように思えない時でさえ、導かれていると感じたのです。私はまだ、臨死体験中に感じたことを信頼しており、すべては本来あるべきようになるとわかっていました。そして、このヘイ・ハウスからのメールは、私がずっと感じていたことが正しかったと証明してくれました。

当然ながら、私は興奮して、「喜んで！」とすぐに返事を出しました。編集アシスタントに、今日は私の誕生日で、すばらしい誕生日プレゼントになったと伝えました。

数日後、香港の家に戻ると、昔の友人ヴェロニカ・リーからメッセージが入っていました。彼女が、ウエイン・ダイアー博士のラジオ番組を聴いていたら、私の臨死体験の話を数週間も続けて話していたと言うのです。さっそくヘイ・ハウス・ラジオのサイトを調べ、アーカイブに保管されているその番組を聴いてみました。驚いたことに、確かにウエイン・ダイアーが、毎週私の体験について話していました。これほどたくさんの人たちに私のことを話してくれたのを知って、とても感激しました。

このことからまもなくして、私はウエイン・ダイアーを驚かせようと思い、視聴者からの質問を受け付けている彼のラジオの生番組に、電話をかけることにしました。アメリカとは時差があり、彼の番組は香港時間の朝四時からだったので、朝三時三十分に目覚ましをかけて起き、番組にダイヤルを合わせ、電話をかけ始めました。最初の数回は話し中でしたが、嬉しいことにしばらくしてつながりました。まだ朝の四時前でした。

電話に出た人が、私の名前と、どこからかけているのかを尋ね、それから保留にされました。番組が始まってまもなく、プロデューサーのダイアン・レイが「あら、香港からかけている人がいるわ。この電話にしましょうよ」と言いました。彼女がそう言った瞬間、私は心臓が止まりそうになりました（あとで知りましたが、ウエイン・ダイアーのラジオ番組に電話をかけてつながるのは至難の業だそうです)。

私が電話に出る前に、ウエイン・ダイアーが言いました。「これは驚いた！　電話の相手を知ってると思うよ。私が考えている人物かい？」

「こんにちは、アニータです」と私は答えました。

「信じられない！　臨死体験をしたアニータだろう？　僕の番組に出てくれるなんて感激だよ！」と彼は叫びました。「ダイアン、他の電話は全部次回にまわしてくれるかい。残りの時間、アニータと話したいから」それから私は、番組で体験談を話してほしいと頼まれました。

番組が終わったあと、ウエインから電話を切らないでいてほしいと言われ、私たちはさらに話を続けました。その時、もしよければ私の本の前書きを書かせてもらえないだろうかと言ってくれたのです。

「もしよければですって！　冗談でしょう、感激でいっぱいだわ！」と私は思いました。

それからウエインは、インターネット上の二十一ページもある私の臨死体験談をすべて印刷したと話しました。彼は、それを四十部コピーし、知っている人達へ配布したそうです。自分の母親にも送ったところ、それを読んでずいぶん慰められたようだと言いました。さらに、彼の最新作『Wishes Fulfilled』にも何箇所か引用したと告げました。

「これは現実なの？　ウエイン・ダイアー博士が、自分の新作本で、私の言葉を引用したなんて！」

私は興奮して、それくらいしか考えられませんでした。

それからお互いの連絡先を交換しましたが、「君からの電話はいつでも歓迎するよ」と言ってくれました。

私は喜びでいっぱいでした。数日間は、嬉しくて気もそぞろになり、食べることも寝ることもできず、胸がドキドキしていました。何か大きなことが起こりそうだと感じていました。同時に、ドンと腰を据えて待ち、自分自身でいること以外何もせず、自然に起こることを楽しみ、受け入れることができるか試されているような気もしました。

次の数週間、電話でウエインと話す機会が何度もあり、私たちは本やその方向性について話し合いました。彼がすばらしい前書きを読んでくれた時、涙があふれ出てきました。私は、このような出来事に涙もろくなっていて、臨死体験時の光景が心に浮かぶとなおさら感極まりました。

ウエインは、初めて私の体験談を読んだ時、ヘイ・ハウスに私を探すように頼んだのではなく、探さなくてはならないと言ったのだそうです。さらに、もし私がすでに本を書いていたら、ヘイ・ハウスが出版するべきだと。

ご想像がつくと思いますが、この事実を聞いた私はいたく感激し、どうやって私の話を聞いたのかと尋ねました。彼は、ニューヨークに住むミラ・ケリーという女性が教えてくれたと言い、メールで彼女に私を紹介してくれました。私とミラはメールのやりとりを始め、電話でも話しました。

そして彼女は、ウエインが私の臨死体験の話を知るまでに起こった驚くべき出来事について話してくれたのです。ウエインはネットサーフィンなどせず、コンピュータを長時間見ているのも好きではないので、偶然私の体験談に出くわすというチャンスはありませんでした。

では、どのようにして一連の出来事が起こったのか、ミラ自身に話をしてもらいましょう。

＊　＊　＊

（ミラの話）

二〇一一年一月十一日、私は友人から、ウエイン・ダイアーが、ヨーロッパへのグループツアーを開催すると聞きました。ツアーの名前は、〝奇跡の体験〟でした。私は直感的に、〝奇跡〟という言葉に引きつけられました。ウエインが白血病だと知っていたので、この言葉を聞いた時、彼は奇跡と出会う準備ができているのだとわかったのです。

初めはウエインへの連絡を躊躇していましたが、彼と話さなければという思いが、だんだん抑えきれなくなりました。そして、もし私が神の手の道具として働くことになっているなら、起こるべき奇跡の展開を許さなくてはならないと確信したのです。数日後、私はウエイン・ダイアーに手紙を書きました。

およそ一ヶ月後に彼が電話をくれた時、私はすでに手紙のことを忘れていました。ところが、短い会話をし、彼がさよならを言って電話を切ろうとした瞬間、私はその言葉をさえぎったのです。自分でも驚いたことに、ぜひ送りたいものがあり、それは彼が読むべきものだと私は言いました。すると、何のためらいもなく、彼は自分のＦＡＸ番号を教えてくれました。

〝送りたいもの〟とはアニータの臨死体験の記事で、ちょうど前日に、スピリチュアルな情報を交換しているグループの一人から送られてきたものでした。それを送ってくれた相手は、「すべての時間が同時に存在している」という箇所に印をつけていましたが、退行催眠療法士という仕事がら、私もやはりそれに目が留まりました。そして、アニータの話を読んでいるうちに、自分のスピリットの真の波動に巡りあえたような不思議な感覚を覚えたのです。

ウエインとの電話を切った瞬間、「どうしてこんなにアニータの体験談をウエインに話さなければいけないと思ったのだろう？」という疑問が、再び心に浮かびました。

その時、唯一思いついた説明は、それが、私の信じていることと、私が提供できることを完璧に表していたからだということでした。アニータの体験談をウエインに送ることで、「あなたの病気も即座に治るかもしれない。その可能性がある。もし自分が完璧に健康だという選択をするなら、私はそれが現実となるようお手伝いができる」と、私は彼に伝えていたのです。アニータがとてもシンプルかつ雄弁に語っていることを、私が伝えようとしたなら、もっと長い会話が必要だったでしょう。

　今では、もう一つ理由があったとわかりました。自分は、アニータのすばらしい言葉を地球全体に広げるプロセスの一部なのだと理解したのです。そのタイミングは、まさにシンクロニシティによるものでした。あのメールがもう少し早く届いていたら、私の目には留まらず、ウエインに渡すこともありませんでした。もう少し遅く着いていたとしても、これほど注目はしなかったでしょう。

　このような不思議なシンクロニシティは、まさにアニータが臨死体験中に理解したように、あらゆることは同時に起こり、時間を超越した同じ瞬間に起こっていることを思い出させてくれます。ウエインに退行催眠療法を施すことになり、私はマウイ島を訪問しました。四月十五日、私がウエインの家を訪ねた時、彼は電話で話をしていました。電話を終えると、今ヘイ・ハウスと話をしていて、そこからアニータの本が出版されることになったと教えてくれたのです。彼からほとばしる熱意は、彼自身が奇跡を体験する準備ができたことを語っていました。退行催眠療法はものすごくパワフルなものになり、白血病は完治したという彼の信念を私も信じました。

　私にアニータの体験談を送ってくれたメールをもう一度見直すと、それはルーマニアに住むエンジニアから送られてきたもので、私の知らない人物でした。このメールのおかげで起こったすばらしいシンクロニシティについて彼に伝えると、報告してくれたのはとても嬉しいけれど、自分がどこでアニータの体験談を見つけたかまったく覚えがないということでした。このことは、たとえ気づいていなくても、私たちは常に、自分の発言や行いで互いに影響を与えあっていることの証だと、彼は書いていました。だから、そうする理由がわからなくても、一瞬一瞬、本当に良い、ポジティブな態度をとることが大切なのだ……と結論づけられたそのメールに、思わず笑みがこぼれました。

そして、ちょうど数日前、私はある人から「臨死体験後、奇跡的に癌が治ったアニータ・ムアジャーニという女性の、驚くようなインタビューを見た」というメールをもらいました。それを読んで、どのようにしてウエインと私が出会い、アニータのパワフルな愛の言葉を多くの人たちに伝えることになったのかという不思議なシンクロニシティをまた思い出し、興奮してドキドキしました。そのメールの受信は、一連の出来事が完全な円になったことの証でした。これらの出来事は、アニータのメッセージを人々に広めると同時に、ウエインの病気の治癒を助けたのです。

スピリットが私を通して働くのを許すことで、自分が想像もできなかった方法で、神の手の道具になることができました。

＊　＊　＊

ミラの話は、誰もが無限の宇宙で唯一無二の欠かせない存在であることをさらに強調しているにすぎません。私たち一人ひとりが、展開しつつある大きなタペストリーの一部で、地球という惑星のヒーリングに取り組んでいるのです。私たちの唯一の義務は自分自身に忠実であることで、それを自分に許すことだけです。

私の人生の軌跡を振り返った時、これまでのあらゆる出来事が、つまり、私がポジティブと考えている出来事も、ネガティブと思っている出来事も、最終的には私に恩恵を与えており、今日へと導いてくれたことがはっきりわかります。同じく明らかなのは、宇宙は、私が受け取る準備ができたものだけを与えてくれる、それも私の準備ができた時にそうしてくれるということです。世間の注目を浴びる恐怖感がそのプロセスを遅らせましたが、いったん不安が取り除かれるとすぐに、ヘイ・ハウスのメールを通して、宇宙からしるしを受け取りました。いつでも、自分が人生に望むものだけが、やってくるのです。

あなたが今読んでいるこの本は、私に言わせれば、このことの最も新しい証拠です。もし私の育った環境が違ったり、自分に対する見方や反応の仕方が異なっていたら、おそらく私は癌になっていなかったでしょう。癌になっていなければ、臨死体験もせず、世界中に伝える特別なビジョンもなかったのです。これらのステップのどれが欠けても、結果はまったく異なるものになっていたことでしょう。癒しや人生の偉大な目的を知るために、必ずしも臨死体験が必要なわけではありませんが、私の場合は、この体験へと導かれました。あらゆることは、私たちの準備が整った時に現れるのです。

私は、宇宙の中心という自分の居場所を理解し、自分のすばらしさと大いなるすべてとのつながりを感じている時、時間や距離は意味がないことを今では十分理解しています。もし深い眠りに入り、夢の中でドアのベルや電話の音が聞こえ、突然目覚めてベルや電話が本当に鳴っていたとわかったら、あなたは時間の超越を体験していたということです。たとえ、目覚める数秒前に音が鳴り出したのだとしても、あなたの夢は、まるで最後の瞬間が中心であるような感じを受けるでしょう。

あなたがすべてのものと一つであると本当に理解した時、人生はこのようになるのです。時間と空間はその意義を失うでしょう。たとえば私は、自分にとって適切な瞬間に、ヘイ・ハウスからメールを受け取りました。けれど、劇的な出来事はすでにウエインのところで展開されていて、その結果、私がそのメッセージを受け取ることになったのです。

臨死体験後、人生がはるかに楽になりました。死や癌や事故など、かつて心配していた多くのものへの恐れはもはやなくなりました――もっと大きな世界へ出ていくことを除いては。私は、無限の自己の持つ知恵を信頼することについて学びました。他の人と同様に、私はパワフルで、すばらしい、無限の愛のエネルギーなのです。

この愛のエネルギーは私の中を流れ、私を包み込み、自分との見分けがつきません。実際、愛が私の真の姿なのです。愛を信じることは、自分自身を信じることです。ただ私が自分自身でいれば、愛のエネルギーが私を導き、守ってくれ、究極の幸せと健康のために必要なものを与えてくれるでしょう。私に必要なことは、すばらしい愛の存在でいて、人生のあらゆる出来事が私に役立つように展開するのを許すことだけです。

私は、これまでの先入観から解き放たれ、すべてがうまくいくと信じています。自分自身でいさえすれば、私のユニークなすばらしさが、自分や他人にとって一番良い方向へと導いてくれるのです。私に必要なのは、このことだけなのです。この枠組みの中で、本当に私に属するものだけが、予期せぬ不思議な方法で人生へとやってきて、私のパワーと愛を毎日見せてくれるでしょう。

Part3

臨死体験が教えてくれたこと

第15章 私が癌にかかった理由、そしてなぜ癒されたか

臨死体験について話す時に一番よく尋ねられる質問は、「あなたが癌になった原因は何ですか？」というものです。多くの人が、その答えに興味を持つのは当然のことでしょう。けれど、まず最初に、この話題が持ち合わせている危険性についてひとこと言及しておきたいと思います。危険性の一つは、私の発言によって、病気の治らない人は、病気が完治した人より〝劣る〟という印象を受けるかもしれないことです。これは真実ではありません。

私の言い方があまりに単純化しているように聞こえたとしたら、苛立ちを感じるでしょう。あなた自身や知り合いの人が苦しんでいる場合にはなおさらです。これが、言葉で表現する時の問題の一つです。言葉は良い影響を与えるどころか、有害になることがあります。私は、まだ癌が治っていない人もすばらしい存在なのだと強調したいと思います。彼らが病気である理由は、おそらく人生における個人的な目的と関係しています。私が病気になったのも自分がここにいる理

由の一部であり、たとえ生きることを選択したとしても、死ぬことを選択したとしても、私のすばらしさは変わらないのだと、今ではわかっています。

病気の治癒について、私が話している内容に同意しない人がいるのはわかっていますが、それで結構です。私はただ、私の話が他人の役に立つことを願って、自分が体験したと感じることを表現しているだけなのです。

「なぜ私が癌にかかったと思うか」という質問への答えを一つの言葉にまとめれば、〝恐れ〟ということになるでしょう。

では、私は何を恐れていたのでしょうか？　何もかもすべてです。たとえば、失敗すること、嫌われること、人をがっかりさせること、十分じゃないことなどを恐れていました。もちろん、病気も恐れていました。特に癌とその治療法に恐怖感を抱いていました。私は生きることを恐れ、死ぬこともひどく怖がっていたのです。

恐れはとらえどころがなく、気づかないうちに少しずつ忍び寄ります。おそらくほとんどの人が、幼少期から恐れるように教えられてきたのではないでしょうか。生まれつきそうだったとは思えません。

私が信じていることの一つは、誰でもすでに自分が人生で到達しようと努力しているものになっているにもかかわらず、ただそう信じていないだけだということです。私たちは、自分のすばらしさを知るためにこの人生へやってきます。けれど、なぜかわかりませんが、成長するにつれて世の中がそれをむしばんでいくように思えます。

最初は、自分が好かれていないとか、欠けているところがあるというような、小さな心配から始まります。おそらく、人種が違ったり、背が高すぎたり低すぎたり、太りすぎだったりやせすぎていたりというように、外見が仲間と違うことからくるものでしょう。私たちは、みんなの中に溶け込みたいと強く望んでいるのです。私自身、本当の自分でいるようにとか、自分に正直になりなさいと励まされたことは一度もなく、みんなと違ってもいいんだと思ったこともありません。いつも自分の心の奥で小さな非難の声が聞こえていたのを覚えています。

私は常に他人を喜ばせたいと思い、また、その理由が何であれ、非難されるのを恐れていました。人から悪く思われないように懸命に努力しているうちに、やがて自分自身を見失ってしまいました。本当の自分や自分の望むこととのつながりを、完全に断ってしまったのです。私がすることはすべて、自分以外のみんなの賛同を勝ち取るためでした。私が癌になる前、誰かに「人生で望むものは何か？」と尋ねられたら、まったく見当がつかなかったでしょう。私は文化的な期待にがんじがらめになり、他人に望まれる人間になろうと努力し、もはや自分にとって何が重要なのかわからなくなっていました。

親友のソニとダニーの義弟が癌と診断されてからは、癌という病気に対する恐れがだんだん大きくなっていきました。彼らが癌になったのだから、自分もなる可能性があると信じ込み、癌にならないためにあらゆることを始めたのです。けれど、予防策についての本を読めば読むほど、すべてのものが癌を引き起こすように思えてきて、ますます恐ろしさが募りました。環境や食物に存在する発がん性物質に気づき、電子レンジ、プラスチック容器、防腐剤入り食品、携帯電話など、周囲にあるすべてのものが癌を引き起こすように思えたのです。そのリストはみるみる長くなっていきました。

私は病気そのものだけでなく、その治療法も恐れていました。つまり、抗がん剤治療のことです。親友ソニは、抗がん剤治療を受けている最中に亡くなったので、このことが私の恐怖心をあおりました。

私は、生きることも死ぬことも怖がっていたのです。まるで、自分の恐怖感という檻に入れられたように、私の人生はだんだん狭まっていきました。私にとって、世の中は脅威を与える場所にほかなりませんでした。やがて、私は癌であるという宣告を受けました。

外見上、私は癌と闘っているように見えたに違いありません。でも、内心では癌は死の宣告だと信じていました。治るためなら何でもするという素振りをしながら、心の奥では自分は治らないと思っていたのです。そして、死ぬことが怖くてたまりませんでした。

研究者たちが、「癌の治療法を見つける努力をしている」と常に言っているのはつまり、解決法がまだ見つかっていないということだと思っていました。このことは、少なくとも西洋医学では公然の事実でした。それにもかかわらず、自分には西洋医学による治療法しか選択肢がないと言われたのは、骨の髄まで恐怖感を抱かせるに十分でした。〝癌〟という言葉を聞いただけで恐れの気持ちがわき上がってきました。現代医学では治せないと知ったことが、自分は死ぬんだという確信の裏づけとなったのです。

それでも私は、可能なことはすべてしようと努力しましたが、病気は容赦なくどんどん進行していきました。西洋医学では初めから自分の運命が決まっているような気がしたので、周囲の人の反対を退けてでも、私は代替療法を選択しました。結局、仕事を辞めてからの四年間、ありとあらゆる治療法に取り組みました。

そのいくつかを挙げれば、信仰療法、祈り、瞑想、エネルギー療法などです。手に入るかぎりの癌に関するさまざまな本を読み、この病気が持つありとあらゆる意味について学びました。許しのワークに取り組み、すべての人を許しました。インドや中国へと旅し、仏教の僧侶、インドのヨギ、覚醒したマスターたちと会い、病気の治癒へと導く答えを見つけられるよう助けてほしいとお願いしました。菜食主義になり、山頂で瞑想をし、ヨガやアーユルヴェーダを試み、チャクラのバランスを取り、中国の漢方薬を飲み、気功もやりました。

それにもかかわらず、癌はどんどん悪化していったのです。さまざまなヒーリング方法のどれもこれも効果がなく、ますます健康が衰えていく現実に、私はうろたえていました。そして、とうとう私の身体は栄養吸収さえできなくなり、筋肉が衰え、車椅子が唯一の移動手段になってしまいました。頭はまるで、特大のボーリングボールが首からぶら下がっているように感じられ、携帯用酸素ボンベなしには呼吸もできませんでした。寝る時には、私が呼吸しているのを確かめるために、一晩中夫が寝ずについていてくれました。身の回りのことも自分でできなかったので、母が世話をしてくれました。それは、家族全員にとってとてもつらい状況だったのです。私は、自分だけでなく、彼らのつらさも痛感していました。

身体が弱っていくにつれて恐れがどれほど強烈になっていったか、ここで表現するのは到底不可能です。私は、ギリギリのところで必死に生命にしがみついていました。スピリチュアル・ヒーリングの集まりに参加した時には、これは私が選択したことであり、さらには、この世で起きていることはすべて幻想だと教えられました。

それを聞いた私はとても失望し、ますますおびえるようになりました。「どうして私はこれを選んだのだろう？　どうやったら違う選択ができるんだろうか？　これが幻想だというなら、なぜこんなに現実味があるんだろう？　もし神様がすべての祈りを聞いているなら、なぜ私の祈りに応えてくれないの？」私は、許しや、浄化や、祈りや、瞑想など、自分ができることは何でも一生懸命していたのです。それなのに、どうして何も起こらないのか理解できませんでした。

やがて、とうとう生命にしがみつくことさえできなくなり、私はすべてを手放しました。完全な内なる解放感がありました。四年以上にわたり、癌に身体をむしばまれ続け、もはや私は限界に達し、降伏したのです。私はへとへとでした。次にやってくるのは死だとわかっていました。とうとう死を迎え入れられるところまでたどり着いたのです。何がやってこようと、今の状態よりはましに違いありません。

そして、昏睡状態に陥り、私の臓器は機能の停止を始めました。私や家族が体験していることよりも、悪い状態は存在しないとわかっていました。ですから、迷わずに死の中へと飛び込んで行ったのです。

身体の機能が止まった時、私がいた向こう側の世界は、恐れでゆがんでいない私自身のすばらしさを見せてくれました。私は、自分が利用できる偉大なパワーに気づくようになったのです。

私が身体にしがみつくのをやめた時、向こう側の世界に行くために何もする必要はないのだと感じました。祈りも、詠唱も、マントラも、許しも、何もいらなかったのです。その移行は、まったく何もしないことに等しいものでした。特に誰に対してというわけではありませんが、「私には与えられるものがもうありません。もうお手上げです。どうぞ連れて行ってください。もうどうにでもしてください。あなたのお好きなように」と言った気がしました。

向こう側の世界で私は明晰でした。そして、自分が抱いていた恐れのために死んでいくのだと、直感的に理解しました。私は、いつも心配ばかりして、本当の自分を表現できずに生きてきました。癌は決して罰のようなものではなく、自分自身のエネルギーが癌として現れたのだとわかったのです。そうなったのは、私の恐れのせいで、本来の姿であるすばらしい存在としての自分を表現できなかったからでした。

そのような拡大した意識の状態で、私は、いかに自分自身につらくあたり、批判ばかりしていたかを理解しました。そこでは、私を罰する人は誰もいませんでした。私が許さなかったのは他人ではなく、自分だったのだと、やっとわかりました。私を非難したのも、私が見捨てたのも、私が十分愛さなかったのも私自身だったのです。ほかの誰でもありませんでした。私はその時、宇宙の美しい子どもとして自分のことを見ていました。私は存在するだけで、無条件の愛を受ける価値があったのです。そのために何もする必要はないとわかりました。祈ることも、お願いすることも、何一ついらないのです。これまで、自分自身を愛したことも、尊重したことも、自分の魂の美しさを目にしたこともなかったと悟りました。絶対的なすばらしさが私のためにいつも存在していたのに、まるで、物質的な生活がそれを奪って、少しずつ破壊してしまったような感じがしました。

　このことを理解した時、もう自分には恐れるものがないとわかったのです。私は、誰もが手に入れられるパワーについて知り、この世に戻るという大きな選択をしました。その覚醒した状態での選択は、私がこの世に戻るための非常に強い原動力でした。再び自分の身体で目覚めた時、この世に戻ってくるという私の決断に、身体のすべての細胞が応じるだろうと私は知っていました。ですから、自分の病気は必ず良くなるとわかっていたのです。

　病院にいる身体に戻ると、そのあとの検査や薬の投与などはすべて、周囲の人たちを満足させるためになされるのだとわかりました。その多くがひどい苦痛を伴うものでしたが、自分は大丈夫だと知っていました。私のすばらしい無限の自己は生き続け、この身体で表現すると決めたので、この世のいかなるものも、その決断に影響を及ぼすことはできないでしょう。


　私の癌が治ったのは、心の状態や信念が変わったことよりも、自分の真の魂が輝き始めたおかげだとはっきり言いたいと思います。多くの人から、プラス思考のおかげで治ったのかと尋ねられましたが、そうではありません。臨死体験の最中に私がおかれていた状況は、心の持ち様をはるかに超えたものでした。私の癌が治ったのは、自分の有害な思考が完全に消えてなくなったからです。私は思考の状態ではなく、ただ存在している状態でした。それは純粋な意識であり、私がすばらしさと呼ぶものです。この、一つであるという状態が二元性を超越させ、真の自分――つまり、永遠かつ無限であり、全体を包み込んでいる自分――とつながることを可能にしたのです。心が物質を凌駕したということでは、決してありません。

特定の方法を信じることで病気が治り、理想的な生活を送れるようになるとは思っていません。この考え方は、あまりにも単純すぎます。それよりむしろ、私は自己の気づきに注目しています。もはや自分の役に立たなくなった信念を持ち続けると、二元性の中で身動きできなくなり、常に判断ばかりすることになるでしょう。そして、自分の支持するものだけを〝良いもの〟あるいは〝プラスのもの〟だと考えてしまい、自分が信じないものは〝良いもの〟でも〝プラスのもの〟でもなくなります。

そうなると、他人の同意が得られない時、自分の信念を守る必要性を感じるでしょう。それを守るためにあまりに多くのエネルギーを使っていれば、たとえもう役に立たないものでも、手放せなくなるはずです。そうやって、自分の信念に支配され始めるのです。

一方、気づきとは、判断せずに、何が存在していて、何が可能かを理解することを意味します。気づきを得れば、防御する必要がなくなります。それは成長とともに拡大していき、すべてを取り囲み、ワンネスの状況に近づけてくれます。そこは奇跡が起こる場所なのです。それに比べて、信念は、自分が確かだと思っているものだけを受け入れ、他のものはすべて閉め出してしまいます。

ですから、私の癌の治癒は、信念によるものではありません。臨死体験は純粋な気づきの状態で、その時、これまで持っていた教えや信条は完全に消えていました。この状態が、私の身体の〝修復〟を許したのです。言い換えれば、私の癒しに必要なのは、信念を捨てることでした。

生きることへの強い欲求を完全に手放した瞬間、私は死を体験しました。そして、死にゆく中で、まだその時は来ていないと悟ったのです。自分が望んでいたものを進んで手放そうとした時、本当に自分のものだったものを受け取りました。それは、望んでいたものよりはるかに大きな贈り物でした。

臨死体験をしてから、特定の思想を強く信じすぎていると、かえって自分に悪影響を及ぼすと学びました。一つの信念にもとづいて行動すれば、自分が知っている領域内だけに閉じこもり、結局、自分の体験を制限することになるのです。自分が思いつくものだけに縛られていれば、自分の可能性は狭められてしまうでしょう。けれど、自分の理解が十分ではないことを受け入れ、不確実な状態を心地よく思えるようになれば、無限の可能性の領域が目の前に広がるのです。

臨死体験後にわかったことですが、自分を自由にし、信念や不信から離れて、心をあらゆる可能性に開いた時、私は一番強い状態にあります。さらに、そのような状態で、最も深い明晰さやシンクロニシティを体験するようです。確実性を必要とすることが、大きな気づきの体験を邪魔するのだと感じています。それと対照的に、すべてを手放し、信念や結果への執着から解放されれば、精神の浄化作用と癒しがもたらされるでしょう。真のヒーリングが起こるには、癒されたいという強い欲求を手放し、人生という乗り物を信頼して楽しまなければなりません。

私にとって、自分が身体以上の存在であり、はるかに大きな存在であると知ることが重要でした。病気は自分の落ち度のせいではないと、何度でも言いたいと思います。もしも病気が自分のせいだということになれば、病気の人は失望するでしょう。そうではなく、私が言いたいのは、身体は私たちの気づきに反応するということです。子どもも、動物も、環境も同じです。私たちの意識は、自分で理解しているよりもはるかに大きく、地球という惑星の状況を変えることさえできるのです。それは、私たちがみんなつながっているからです。このことは何度言っても足りないくらいです。

意識的な気づきのための最初のステップは、自然の摂理を理解することです。それはつまり、自分の身体や環境に気づいていること、そしてそのありのままの本質を敬えるようになることです。その中にはもちろん私たち自身も含まれます。私たちは、宇宙の意図により創られたすばらしい存在なのだと理解しなければなりません。他人から完璧と思われるように努力し、それに失敗したからといって、自分は不十分だと感じる必要などないのです。

自分の生命が望むような人間になることを許した時、私たちは最も強力です。ですから、私の意識的な行動が完全にストップし、生命力が支配した時、ヒーリングが起こりました。言い換えれば、生命に対抗せず、生命と協力している時、一番強力になれるのです。

すべて体験し終わったあとで、自分に起こったヒーリングについて話したり、「信頼して手放し、生命の流れに任せよう」と言うのはたやすいですが、どん底にいる時は、それをどう実践するのかはもちろんのこと、何から手をつければよいのかさえわからないかもしれません。でも、その答えは案外シンプルで、〝自分に対する愛〟を持つということなのです。この答えを聞いて、あなたは眉をひそめたり、うんざりするかもしれません。でも、自分に対する愛を深めることがいかに大切であるかは、どんなに主張してもしすぎることはないでしょう。

私は、自分を大切にするように言われた記憶がありません。実際、そうすることを考えたことさえありませんでした。それは一般的に、自分勝手になることだと思われていたのです。けれど、臨死体験によって、このことが私の癌を治してくれたのだとわかりました。

生命のタペストリーの中で、私たちはみんなつながっています。私たち一人ひとりが、自分の周りの人たちにとっての贈り物であり、本当の姿でいられるよう互いに助け合い、一緒に完璧な絵を創り上げているのです。臨死体験をしている時、そのことがはっきりとわかりました。本来の自分でいるとは、愛の存在でいることなのです。この学びが、私の生命を救ってくれました。

多くの人は、愛の存在になるために努力しなければならないと信じていますが、これは二元性の中で生きていることを意味します。そこには、愛を与える人と、愛を受け取る人がいるからです。自分が愛そのものだと知ることは、それを超越しています。つまり、あなたと私は別々ではないという理解を意味し、もし私が自分は愛だと気づけば、あなたも愛であるとわかるのです。もし私が自分のことを好きなら、自然にあなたに対しても同じ感情を抱くでしょう。

臨死体験をしている時、全宇宙は無条件の愛からなり、私はその一つの表現なのだと実感しました。あらゆる原子、分子、クォーク、テトラクォークも愛でできています。私は愛以外の何ものにもなりえません。なぜなら、それが私の本質であり、全宇宙の性質だからです。ネガティブに見えるものでさえ、無限で、無条件の愛のスペクトルの一部なのです。宇宙の生命エネルギーとは愛であり、私は、宇宙エネルギーからなっています。このことをはっきりと理解し、自分は認めてもらうために別の人間になる努力をしなくていいのだとわかりました。私はすでに、私がそうなりたいと努力しているすべてのものになっているのです。

同じように、自分が愛であると知っていれば、他人へ愛を示す努力も必要ありません。私たちは、ただ自分に正直でいればよいのです。そうすれば、愛のエネルギーの媒体となり、私たちに触れた人はみんな愛を感じるでしょう。

愛の存在であるとは、自分の魂をはぐくみ、自分の欲求を満たし、自分のことを後回しにしないことが大切だと気づくことです。この気づきによって、私は、いつも自分に正直になり、敬意や優しさをもって自分に接することができるようになりました。さらに、欠点や間違いだと思われることも、何の判断もせずに眺めてみて、無条件の愛の中での体験や学びのチャンスと考えられるようになったのです。

自分への愛が強すぎる場合はないのかと、よく尋ねられます。おそらく、自分勝手や利己主義との境界線はどこか知りたいのでしょう。それに対して私は、自分への愛が強すぎるということはないと答えています。境界線などはありません。利己主義は、自分に対する愛が足りないために起こることです。過度の不安や判断や条件づけに加えて、自分への愛が不足しているせいで、私たち人類だけでなく、地球も苦しんでいるのです。誰かのことを無条件に心から好きになるには、自分自身に対しても同じように感じる必要があります。自分よりも相手のことを深く尊敬しているというのは真実ではなく、単に口先だけのことだと思います。

自分が愛の存在でいる時、私は愛に枯れることはありません。自分が好かれていると感じたり、自分のすばらしさを分かち合うために、他人に特定の振る舞いをしてもらう必要もありません。私が本当の自分でいる結果として、彼らは自然に私の愛を受け取っているのです。私が自分に対して何の判断もしていなければ、他人に対しても同じようにするでしょう。

このような見地から、もし難題にぶつかったら、自分につらく当たらないことがまず大切だと学びました。たいてい問題の原因は、はっきりと目に見えるところにはなく、自分に対する批判が原因です。私が自分自身の最悪の敵になるのをやめて、もっと自分を愛し始めた時、周囲の人たちとの衝突も自然に減っていきました。私はもっと寛大になり、受け入れるようになったのです。

私たちがお互いのすばらしさに気づくようになると、他人を支配する必要がなくなり、自分自身にも支配されなくなります。私は、無限の自己に目覚めた時、自分が愛であり、いつもそうだったと知っただけで、人生はこれほどまでに大きく変わるのだと理解し、驚きました。そのために何もする必要はなかったのです。これを理解したことは、私が生命エネルギーと協力し合うことを意味し、一方、愛の存在を演じることは、それに対抗することを意味します。

自分が愛だと知ったことは、私が学んだ最も重要なレッスンであり、そのおかげですべての恐れから逃れられました。このことがまさに、私の生命を救ってくれたのです。

第16章 私たちは神と一体である

臨死体験中、私はまるで、全宇宙とその中に存在するあらゆるものとつながっている感じがしていました。宇宙は生きており、ダイナミックで、意識を持っているようでした。私は、身体を通して表現しているすべての考え、感情、行動が、宇宙全体に影響を与えるのだとわかりました。実際、すべてが一つである領域では、全宇宙が私の延長であるように感じられたのです。もちろん、この理解によって、ものの見方は劇的に変わりました。私たちは、自分の感情や思考や行動によって、この世界やその中にある私たちの生活を共に創造しているのです。

言葉は、五感で認識できないものを的確に表現することができません。ですから、臨死体験中に起きたことについて表現しようとしても、ピッタリの言葉を見つけるのは至難の業なのです。でも、自分がこの世について感じたこと、どのように生きていくか、どうしたらもっと良く変えていけるのかについて、この章でできるだけはっきり伝えられるように努力したいと思います。

最初に、私の臨死体験は、これまで体験したどんな出来事とも類似していないことを理解してもらうことが大切です。それには、明確な始まりと終わりがありません。いったん開かれれば、もう閉じることのない扉のようなものです。それは、決して終わることのない進歩的な深い理解と新しい可能性の始まりです。

言葉はこの種の現象を表すのに不十分な道具なので、私がここで書いていることは、あなたの中にある特定の感情を刺激するにすぎないでしょう。この体験をお話ししたあとも、私自身の理解は広がり続けています。言葉を文字通りに受け取ったり、決定的な真実としてとらえてしまうと、私たちの成長は邪魔され、動きがとれなくなり、昔の考え方にしがみつくことになるかもしれません。私は今、自分に必要なものはすべて、すでに自分の中に存在しており、自分にとって真実だと感じるものに心を開きさえすれば、それがすぐに手に入るとわかっています。

臨死体験の前、おそらく私が生まれた文化的背景によるものでしょうが、私の人生の目的は、至福の境地へ到達すること、すなわち誕生や死という輪廻転生を超えて進化し、二度と身体に戻ってこないように努力することでした。もし私が欧米のような文化圏で成長していたら、天国へ行けるように努力していたでしょう。死後の幸せのために生きようとするのは、どんな文化でも一般的な目的であるはずです。

けれど、臨死体験のあと、私はまったく違うように感じています。今の人生が終わったあとも生き続けると知っているので、肉体的な死を恐れておらず、今自分がいる場所以外のところへ行きたいという願望もなくなりました。もっと地に足をつけて、死後のことよりも、今この瞬間のすばらしさにすべての注意を向けようと思っています。

これは、一つの生涯が終わり、次の生涯が始まるという従来の輪廻転生の概念が、臨死体験で私の経験したこととは異なっていたという理由によるものです。私たちが身体や思考というフィルターを用いないかぎり、時間は直線的なものではないとはっきりわかりました。もはやこの世の感覚に縛られなくなると、あらゆる瞬間が同時に存在するのです。輪廻転生の概念は一つの解釈にすぎず、私たちの知性が、すべては同時に存在していることを理解するための、一つの方法なのです。

私たちは、〝時間が過ぎる〟と思っていますが、臨死体験をしている時には、時間はただ存在していて、自分が時間の中を移動しているように感じられました。時間のあらゆる点が同時に存在するだけでなく、向こう側の世界では、私たちは、速く進んだり、遅く進んだりすることができ、さらに、後ろにも、横にも動けるのです。

しかし、物質的次元では、感覚器官のせいで制限が与えられます。私たちの目は、この瞬間に見えたものだけに気づき、耳も同様です。思考は一つの瞬間にしか存在できないので、瞬間と瞬間をつなぎ合わせて、直線的な一連の出来事を形成します。でも、身体から自由になると、私たちは、視覚、聴覚、触覚、味覚、嗅覚を通してではなく、自分の気づきだけで、すべての時間や空間の中を動けるのです。私たちは、純粋な意識そのものになります。

臨死体験の中で、私はこのことを体験しました。兄が私に会うため飛行機に乗っていることにも、医師が病室からずっと離れた廊下で話しているのにも気づいていました。自分の将来についてもたくさんのことを理解しました。もしこの世に戻らなかったらどうなるか、もし戻ったらどうなるのか、すべて明らかでした。時間も、空間も、物質も、私たちが通常考えているようには存在しないのだとわかったのです。臨死体験の中で、過去でも未来でも、意識を集中すればどこにでも行ける感じがしました。

そういうわけで、人々が〝過去世〟をちらりと見たと言うのは、実は、平行もしくは同時に存在したものが見えたということだと信じるようになりました。なぜなら、すべての時間は同時に存在しているからです。私たちはみんなつながっているので、他人の現実が私たちの現在の瞬間に少しずつ入り込み、それがまるで自分の記憶であるかのように広がっていくことも可能なのです。

もし輪廻転生や時間の概念が、多くの人が信じているようなものでないとしたら、私たちは何を重視し、何を目的とすればよいのかと考え始めました。私たちのゴールがこれまで考えていたものとはまったく逆だとしたら……天国や極楽とは死後の世界ではなく身体を持つ今ここに存在するものだとしたら、一体どうなるでしょうか？

私たちは、愛や情熱など、あらゆる種類の感情を表現するために、身体を持つ選択をしたのだと思います。それらは、純粋な意識やワンネスの状態では、個別に表現できないものです。もしこの世での人生が本当の舞台で、一番面白い場所だとしたら、どうすればよいのでしょうか？

この現実世界は、表現するための遊び場です。私たちは来世のために学んだり経験を積むためにここにいるのではなく、目的を持つ必要性もないようです。というよりむしろ、この物質世界とそこで生きている自分の生命を体験し、それらを進化させるためにここにいるのです。私がこの世へ戻る決断をしたのは、ここでの人生が、今の時点の私にとって一番望ましいものだとわかったからです。天国を体験するのに死ぬまで待つ必要はありません。私たちの真のすばらしさは、今ここに存在しているのです。

人がこのテーマに関して怖がっているのは、来世や神のイメージが人間の言葉で創り上げられてしまっているからです。私たちは、これらの概念に物理的特徴や間違った意味をあてがっています。それが、恐れや報い、裁きや罰のようなものを思い起こさせ、不安を感じさせるのです。

さらに、私たちは、自分のすべての強さやパワーを、その創造物に投じています。

もし、すべての時間や体験が今この瞬間に存在していて、私たちは物質世界で自分のすばらしさを表現しながら、その中をただ通り過ぎているのだとしたら、何も恐れることなどありません。次に何がやってくるのかと心配して生きる必要もありません。この理解があれば、すでに自分の一部であるそのエネルギーを受け入れ、生命のあらゆる側面を愛することができるでしょう。

自分自身ではなく、宗教や医学、科学的研究や書籍、他者といった外側のものに、答えを求めようとするのは残念なことです。私たちは、真実がどこかそのあたりに、とらえどころのない形で存在すると思っています。けれど、そのためにますます道に迷い、本当の自分から離れていってしまうのです。私たちの中に、全宇宙が存在します。私が求めている答えは、自分の中に存在し、あなたの求める答えも、あなたの中に存在します。外部で起こっているように見えるあらゆることは、私たちの中にあるスイッチを押して、自分を拡大し、真の自分を思い出させるために起こっているのです。

私は、〝ハイヤーセルフ〟〝魂〟〝スピリット〟のかわりに、〝無限の自己〟という言葉をよく使っています。もう少しはっきりさせるために言えば、それは、私が臨死体験中に、自分が身体だけの存在ではないと気づき、あらゆる存在と一つであると感じたものを指しています。私は、無限のすばらしい存在として純粋な意識と一つになり、なぜ今この身体と生命を得たのかはっきり理解したように感じました。さらに、分離の幻想は、外部のものと自分を同一化しすぎることから生じるとわかったのです。

物質的な身体を去れば、私たち全員の無限の自己はすべてつながっていると、私は信じています。純粋な意識の状態では、私たちはみんな一つなのです。多くの人が、このような一つであるという感覚を、強烈な神秘体験において、あるいは自然の中にいる時に感じています。動物やペットといる時に感じることもあります。あらゆる創造物と一つになった結果として、シンクロニシティや超感覚的知覚のような現象を体験することもあるでしょう。けれど、一つであることに気づいていない人が多いので、このような体験は頻繁には起こらないのです。

実のところ、私という存在は、この身体でも、人種でも、宗教でも、どんな信念でもありません。同じことが他のすべての人にも言えます。本当の自分とは、無限で、はるかに強力であり、壊れたり傷ついたりすることのない完全な存在です。無限の自己は、人生の航海に必要なものをすべて備えています。なぜなら、私たちは宇宙エネルギーと一つだからです。事実、私たちは宇宙エネルギーそのものなのです。

臨死体験の最中、私は宇宙エネルギーと一つになっていたので、気づいていないものは何もありませんでした。まるで自分が全体を包み込んでいるかのように、すべてがはっきりとわかったのです。自分があらゆるものになり、あらゆるものの中に存在している感じでした。

自分のすばらしさを知り、宇宙と自分が一つで同じものであると理解したことが、私の病気を治してくれたのです。自分から分離した外部の創造物など存在しないと気づくようになりました。この気づきのおかげで、今では、強さや愛や勇気を持って物質世界と関われています。

このことを、別の見方から説明しましょう。私は〝宇宙エネルギー〟という言葉を使っていますが、それは、〝チー〟〝プラーナ〟〝気〟と同じものです。これらの言葉は、それぞれ中国語、ヒンドゥー語、日本語で、〝生命エネルギー〟という同じ意味です。これは、太極拳や気功で言う〝チー〟であり、レイキの〝気〟です。ひとことで言えば、それは生命の源で、あらゆる生き物の中を流れています。全宇宙を満たしているので、宇宙と切り離せない関係にあります。

〝気〟は、判断せず、分け隔てもしません。それは、高貴な指導者にもナマコにも、同じように流れています。〝源〟〝神〟〝クリシュナ〟〝仏陀〟のような難しい言葉でこのエネルギーを表せば、名前に気をとられてしまい、理解が難しくなるでしょう。これらの用語は、人によって解釈が異なり、無限の存在に無理やり形を与えているようにも思えます。それぞれのラベルには特定の期待が隠れていて、その多くは、私たちを二元性の中に閉じ込めてしまいます。それゆえ、このエネルギーを自分とは別のものだと見てしまうのです。でも、宇宙エネルギーは、私たちの純粋な意識のように、無限で形のない状態のままでなければいけません。その状態でのみ、宇宙エネルギーは私たちと一つになり、ヒーリングや魔法や奇跡を生み出せるのです。

誰もがこの宇宙エネルギーにつながっていて、私たちはそれと一つなのだと、臨死体験中に強く感じました。このすばらしい神秘的な生命力が、一人ひとりのすべての細胞の中を流れているのです。それは外部に存在するのではなく、あり方の状態で、内なる現象です。それは内側にも、外側にも、そして至るところに存在します。人種や宗教や文化や信念体系などとは関係ありません。私たちは生きているというだけで、それとつながっているのです。事実、私たちはこの宇宙エネルギーの流れそのものです。それを利用するために、何もする必要はなく、何者かになることも、何かを証明することもいりません。私たち誰もがすばらしく強力な存在なので、ただそれを利用できるのです。

このエネルギーに気づけなくしているものは思考です。特に、自分を制限するような思い込みです。すでにお話ししましたが、臨死体験で経験した大きな解放によって、私は知性を手放し、それとともに、自己規制的な思い込みを取り除いて、宇宙エネルギーにすべてをゆだねることができました。私の思考が邪魔するのをやめた時、一気に水門が開いたのです。私は宇宙と闘うのをやめて、〝気〟の流れをそのまま受け入れました。

何が自分を突き動かしているのか見極めるには、コツがいるかもしれません。大切なのは、思考は〝行動すること〟を重視し、魂は〝存在すること〟を重視するという点です。私たちの本質は、無限の自己です。すでに愛であることの大切さについて述べましたが、それが私たちの本当の姿なのです。知性は、この人生を航海するための道具にすぎません。それは食べ物を買い、家賃を払うためのお金をいかに稼ぐかを考えますが、魂は自分自身を表現することだけを望んでいます。

無限の自己とは、私たちの本能や直感が存在する場所です。家を買おうとしている時、理性は実際の土地を選んだり、予算を決めるなどして、選択肢を狭めようとします。けれど、最終的な決断は、直感によってなされることもあるでしょう。ただそこが良い感じがしたというだけで、それを説明する論理的根拠は何もないというようにです。それが無限の自己です。

生活があまりに複雑になり、自分が宇宙エネルギーにつながっていて、これらの自然な能力を持っているということを忘れてしまうことがあります。自分の内なる声を聞くのをやめて、上司や教師や友人など外側の力に自らの力をゆだねてしまうのです。感情は魂への入り口なので、自分の感情をブロックすれば、自分のすばらしさに気づけなくなるでしょう。それなのに、私たちは複雑な存在ゆえ、自分の感情をコントロールしようとしてしまいます。

しばらく思考だけで生きていると、無限の自己とのつながりを失い、途方に暮れた感じがするはずです。これは、存在することよりも、いつも行動する状態にいる時に起こりがちです。〝存在すること〟とは魂で生きることで、ありのままを許容する状態にあります。それは、判断をせずに、自分自身でいることを意味します。〝存在すること〟は、何もしないということではありません。むしろ、自分の感情に従って行動するということで、今この瞬間にいるのです。一方、〝行動すること〟は未来志向で、現在の感情がどうあれ、特定の結果を達成するために、思考が一連の仕事を生み出します。

自分の行いが、〝存在すること〟によるものか、それとも〝行動すること〟によるものかを知るには、日々の決断の背後にある感情を見ればよいと、私はわかりました。それは恐れですか、それとも情熱ですか？　もし毎日の行為が、人生に対する情熱や意欲から生まれているなら、〝存在する〟状態にいます。でも、もし恐れによって行動しているなら、〝行動する〟状態にあります。

道からそれたと感じた時、私たちは自分の何かがおかしいと思うでしょう。そして、正しい自分になるために何かをしたり、手に入れたりしなければいけないと考え、外側に答えを探しに行きます。つまり、他人が自分を正してくれることを望んでいるのです。それによって、しばらくは気分が良くなるかもしれませんが、たいてい長続きせず、結局は前よりも悪い状態になるでしょう。けれど、生命が意図した本当の姿にチャンネルを合わせられると――自分の感情と波長が合うと――私たちは、自らのすばらしい魂とつながります。このつながりをありのまま受け入れ、自分の力を取り戻した時、すべてがはっきりして、私たちの人生はうまく進み始めるでしょう。

自分本来の姿であって初めて、私たちは、外部の権威者や教師や本やスピリチュアルな哲学などから学ぶという選択ができます。他人が自分の持たない力を持つと考えるのではなく、自分の内なるすばらしさや真実に気づくようになるのです。自分のすばらしさを理解し、愛という本当の性質で生きるようになれば、自分にピッタリの教師や本やスピリチュアルな哲学を、必要な時に引き寄せられるでしょう。

残念ながら、自分のすばらしさに気づけなければ、単に喪失感を覚える以上の、大きな影響があります。でも、そこで感じるどんな感情も、すべて本質は同じなのです。臨死体験の中で、批判や憎しみ、嫉妬や恐れなどは、自らの真の偉大さに気づいていない人たちから生じているのだとわかりました。自分の完全さに気づいていないと、自分は小さくつまらない存在だと感じ、私たちの真の姿である生命エネルギーの自然な流れに逆らうことになります。

もし自分の真の姿を表現するように励まされたら、私たちは誰でも愛に満ちた存在となり、それぞれの個性を世の中にもたらすことができるでしょう。問題や衝突は、本当の自分を知らず、自らの内なる美を示せないことから生まれます。私たちはいつも、何が〝完璧か〟という判断をしており、それが疑いや競争心へと導くのです。自分は十分ではないと感じているために、次々に行動で示そうとするのです。けれど、一人ひとりが自分のすばらしさに気づき、自分のことが好きになれば、私たちは、愛にあふれたやり方で自分のユニークな性質を分かち合えるようになるでしょう。

そうすると、私たちが問題だと思っているものは、他人への批判や憎しみからではなく、自分に対する批判や憎しみから起こっているということになります。私の治癒の鍵が、恐れを取り除いてくれた自分への無条件の愛だったように、よりよい世界への鍵は、誰もが同じように自分自身を大切にして、自分の真価を理解することなのです。自分を批判するのをやめれば、自然に他人を非難する必要もなくなるでしょう。そして、彼らの完璧さに気づき始めます。宇宙は私たちの内側に存在しており、私たちが外側で体験するものは、内側を映し出したものにすぎません。

私は、芯から悪い人は誰もおらず、悪は、私の癌と同じように、自分の恐れが生み出したものだと信じています。この考え方から言えば、犯罪者でさえ、自分の限界、恐れ、苦しみの犠牲者なのです。もし彼らが本当の自分の価値を知っていたら、決して罪を犯すには至らなかったはずです。たとえば、恐怖ではなく、心からの信頼を抱ければ、極悪非道な人間でもまったく違う人間に変わることができるのです。まさに、私の末期癌が治ったのと同じことです。

ほとんどの人が自分の本当の価値を知らないので、互いに傷つけ合うのをやめさせるために、法律や批判や報酬や刑罰が必要なのです。もし全員が自分のすばらしさに気づけば、もう恐れから行動することはなくなるでしょう。そうすれば、私たちには、規則も刑務所も、そして病院も必要ありません。

もしすべての人が一人残らず自分の完璧さやすばらしさに気づくようになったら――地球上の全員がスピリチュアルな変化を体験したら――外の世界も、内面の新しい状態を反映して変化するでしょう。人々はもっと力を与えられ、恐れや競争はずっと少なくなり、その結果、お互いに寛容になります。犯罪率は劇的に減少するでしょう。ストレスや恐れが少ない分、免疫力が高まり、病気も少なくなります。恐れの一面である貪欲さにもはや駆り立てられていないので、優先順位も変化します。子どもたちは愛の存在へと成長し、もっと強く、健康で、信頼できる人間になるでしょう。そして地球は、このような生き方に敵対する場所ではなく、それを支持するような場所に変わるのです。

私は、このようなビジョンを持っていますが、世の中はもちろん、他の人を変えなければいけないとは感じていません。外に出て物事を変えようとするのは、私が彼らを悪いと判断しており、彼らのビジョンや考え方を修正する必要があるということだからです。あらゆるものは、今この時点で、すでに本来あるべき姿であり、自分の努めはただ存在することだとわかっています。ここでの私の仕事は、自分自身でいることです。つまり、愛の表現でいて、物質世界で生き続けながら、自分や他人や周囲の世界の中に完璧さを見いだすことです。私たちに必要なのは、それだけなのです。

私は、家族や知人などすべての人が自分の人生で果たしてくれている役割、そして、私が彼らの人生で果たしている役割を理解しています。もし私が自分に正直でなかったら、周囲の人たちも本当の自分ではいられません。私が無二の自分でいることで、他人も無限の自己のレベルで私と関わり合えるのです。

私がこの気づきを持っているかぎり、宇宙エネルギーと一つであると感じることができ、それは私の人生で、奇跡のようなシンクロニシティを見せてくれるでしょう。私は、へとへとになるのではなくエネルギッシュになり、〝行動すること〟で落ち込むのではなく、〝存在すること〟によって明るくなり、宇宙エネルギーに対抗するのではなく、それと協力しながら生きるようになりました。この生き方を続けるうちに、私の生活は禅のような性質を帯びてきて、いつも導かれているように感じています。それは必ずしも簡単ではありませんでしたが、確実に人生をずっと楽しいものにしてくれました。まだ進歩の途中ですが、私がすべきことは、愛であること、そして本当の自分でいることだけです。その結果、私の周囲の世界はあるべき場所に落ち着き、同じことが全世界的にも起こるでしょう。

私たち個人の考えや感情が、それぞれの人生の一瞬一瞬を創造しているように、私たちの集合的な思いが、人間の力でできることとそうでないことを決めています。また、私たちは道徳的な観念や価値観を絶対的なものだと思っていますが、実際には、長い間自分が真実だと受け入れてきた考えや思い込みにすぎません。それらは私たちの思考が構築したもので、文化的な産物です。若い頃に私の思考を形成していた、性別による期待のようなものです。当時の私はこれらの価値観が絶対的な真実だと信じていたので、結果として、私という人間に大きな影響を与えました。

全体的に、私たちが創造した現実は、このような無知を反映しています。もしみんなの考えや思い込みが異なれば、まったく違う地球を創造していたことでしょう。

この世界は、私たちの集合的な思考や思い込みが実を結んだもののように思えます。私たちは、個人的あるいは集合的に、その時に対処できるレベルでしか、拡大できません。つまり、この世だけでなく向こう側の世界に行ってもなお、犯罪者は非難されるべきだと判断し、彼らが恐れの被害者で、自分たちが全体として創り上げた現実の産物だとは、見ることができない可能性もあるのです。

私たちが、最大の敵の目を覗き込んだ時、そこに映る自分の目を見ることができれば、人類に真の変化が訪れるでしょう。そして、集合的な思い込みや思考から生まれたものに盲目的に従うのではなく、自分の真実にもとづいた現実を自分自身のために創造しようとするはずです。個人レベルでの気づきが拡大されれば、宇宙レベルの変化が生み出されるでしょう。

私たち一人ひとりは、色とりどりの複雑な模様を織り込んだ、巨大なタペストリーの一本の糸のようなものです。たとえ一本の糸でも、それは完成したイメージには不可欠です。本当の自分でいるべきかどうかという私たちの選択は、他人の人生にも影響を与えます。他人に対する唯一の義務、そして私たちの唯一の目的は、自分の独自性を表現し、他人にも同じようにしてもらうことなのです。

自分の中にすばらしい宇宙エネルギーである光が存在し、それが本当の自分なのだと理解すれば、心が開き、個人として変化できるでしょう。このようなゆっくりとした深い変化が、世界中で起こることが可能なのです。次の章では、この世で生きることに関して、私が理解できるようになったことを、さらに詳しくお話ししましょう。

第17章 ありのままの自分を生きる

すでにお話ししましたが、繰り返して言いたいのは「私は恐れではなく、喜びから人生を生きている」ということです。このことが、臨死体験前の自分と、今日の自分の一番大きな違いです。それ以前は気づいてさえいませんでしたが、いつも、苦しみを避けることか人を喜ばせることばかり考えていました。私は、行動し、追い求め、探し出し、達成することにとらわれていたのです。自分のことはいつも後回しでした。私の人生は恐れ――他人を怒らせる恐れ、失敗する恐れ、自分勝手になる恐れ、十分でないという恐れなど――に突き動かされていました。私の頭の中には、いつも他人の期待に添わない自分が存在していたのです。

何かを達成するために、向こう側の世界から戻ってきたとは思っていません。私はただ存在するために戻ってきたのです。ですから、私の行いはすべて愛から生まれています。物事を正しくしようとか、規則や教えに従おうとか、もうまったく気にしていません。私はただ自分の心に従っていて、そうしていれば間違うことはないとわかっています。その結果、皮肉にも以前よりもっと多くの人を喜ばせるようになりました。それは、私自身が前よりずっと幸せで、自由だからでしょう。

このことは、私の健康にも大きな影響を与えています。今は、自分自身を無限の存在と思っているので、自然に身体が良い状態になっています。なぜなら、身体は私の魂の内側で起こっていることを映し出したものだからです。自分に対する無条件の愛が、私のエネルギーレベルをものすごく高めてくれ、宇宙も同じように働いています。

外側の世界は、私たちが自分自身についてどう感じているかを反映しています。自己非難を手放せば、自分の世界を変えられるのです。そうすれば、もっともっと大きな信頼感を抱けるでしょう。信頼できるようになればなるほど、結果をコントロールしたいという気持ちは少なくなります。他人の教えや、もう自分の役に立たなくなった思い込みにしばられず、この流れとともに動こうとすれば、もっと真の自分の姿を映せるようになるでしょう。

前に書いたように、臨死体験をするまで、私はいつも外側に導きを求めていました。同僚や上司に承認を求めたり、他人から答えをもらおうとしていたのです。自分にとって良い感じがするかどうかではなく、他人の意見や教えに従っていました。恐れの気持ちから儀式を行い、教えを守っていました。そこに、自分の知らない正しい情報がきっとあると思ったのです。

これらの外側の声に耳を傾けてばかりいたために自分を見失ってしまったのだと、臨死体験中にわかりました。〝万が一に備えて〟何かをするのは、恐れからの行動なのです。最近は、確立されたどんな方法や教えにも従っていません。事実、私にとって最大の規則は、厳格かつ普遍の規則など存在しないということです！　私は、その時々、正しい感じがするものに注意を払っているだけです。人生とはスピリチュアルな体験で、私は常に変化し、進化している存在なのです。

私たちが宇宙の生命力と一つであるエネルギーの存在なら、誰かに自分のために決断してもらったり、どのようにして自分のエネルギーを変えられるか教えてもらう必要はありません。私たち全員がかけがえのない存在なので、万人に当てはまるような共通の規則を作れる人はいないでしょう。にもかかわらず、体系化されたスピリチュアルな教えや宗教はこのことをしようとしているのです。その体系が確立されると、全員が同じ教義に従うように言われ、従わない人は非難されます。組織化された宗教が、調和ではなく争いや衝突を生み出すのはそのような理由からです。宗教的な道に従うことで、恐れの人生や他人を犠牲にするような人生を避けられるわけではありません。しかし、個人的なスピリチュアルな道に従えば、自分自身の内なる存在の声に耳を傾けながら、無限の自己と出会えるでしょう。

組織化された宗教がいかに誤りを逃れられないかは、異なる文化について考えてみると一目瞭然です。たとえば、インドと中国のスピリチュアルやヒーリングの体系は完全に対立しています。ヒンドゥー教では動物の肉を食べることは罪だと信じられていて、中国人は肉を食べないと健康に悪いと信じています。同様に、インドには、風水と同じ目的を持つヴァーストゥというシステムがありますが、中国の規則と真っ向からぶつかっています。私はかつて、このような対立を前にして、まったくわけがわからなくなってしまいました。どれに従っていいのかわからず、間違えたらどうしようと、恐怖感でいっぱいになったのです。

そして、最終的には、臨死体験が本当の自分に戻してくれました。私たちは自分自身の道を発見し、喜んで生きるためにここにいるのだと理解することが、私たち一人ひとりにとって一番大切なことなのです。物質世界と縁を切って二十年間山頂で瞑想しようが、何千人という従業員を抱える多国籍企業を設立しようが、まったく関係ありません。寺院や教会に通っても、浜辺に座ってマルガリータを飲みながら愛する人と美しい夕焼けを楽しんでも、あるいは、アイスクリームを食べながら公園を歩いてもいいのです。結局、どの道を選んでも、私たちにとっては正しい道であり、これらの選択のどれも、他の選択より精神的に優れていたり、劣っているということはありません。

私は、宗教に反対しているわけではありません。ただ、私たちはみんな一つで、神のあらゆる側面であるにもかかわらず、宗教という大義名分のもとに起こっている争いや衝突や殺し合いを考えると、そのいかなるメッセージも信じられないのです。人類は多種多様なので、組織化された宗教やスピリチュアルな道が合う人もいれば、合わない人もいるでしょう。自分をはぐくみ、自分の創造性を表現し、自分のすばらしさを示すことが、私たちにとっての最善の生き方なのです。一つの選択や教えに執着することは、本当の自分やこの世にやってきた目的とつながる妨げとなるでしょう。

自らのすばらしさとつながり続けるために、特定の儀式や教義に従うような努力は必要ありません。もしあなたがそうしたいと思い、それで喜びがもたらされるなら、結構です。でも、絶対にそれが必要だというわけではありません。ただ自分の内なる導きに従えば、自分にとって正しいものと、それを得るためにどんな方法を使ったらよいかが見つかるのです。自分や他人を批判せず、自分が愛の中心にいると感じられれば、私たちは正しい道にいるとわかります。そして、無限の全体の中で本当のすばらしさを認識できるでしょう。

たとえば、祈りは困っている人に大きな慰めを与えると同時に、自己発見の助けにもなります。それは、すべての重荷を手放すための方法なので、健康や幸せにプラスの効果があるかもしれません。その結果、祈った人たちは気持ちが軽くなって、明るい気分になり、その人自身の幸せだけでなく、他のみんなの幸せにも役立つでしょう。すべての存在はつながっているので、あなたが自分にもたらしたポジティブな変化は、全体にも影響を与えるのです。

けれど私は、祈っている人が祈らない人よりも、自分のすばらしさともっとつながっていると は思いません。私たちはみんな、自分の内側にある無限の空間を理解するための自分なりの方法を持っていて、ある人にとってはそれが祈りであるというだけです。他の人にとっては、それが音楽だったり、美術だったり、自然の中にいることだったり、知識やテクノロジーだったりするかもしれません。その人に、情熱や創造性や生きる目的を与えるものなら何でもよいのです。言い換えれば、祈り自体が、他のものよりも私たちのすばらしさに気づかせてくれるというわけではないのです。むしろ、自分の内なる情熱とつながり、禅のような性質を引き出して、自分の人生に意味や統一性を感じられる生き方を選択するほうが大切でしょう。

個人的には、自分と切り離された外部の神様に祈る必要性は感じていません。というのは、私はいつも宇宙と一つだと知っていて、自分の人生が祈りそのものだと感じているからです。瞑想は、心を静めてくれ、全体の中に存在するあらゆるものとのつながりを感じられるので、とても役に立つと思います。でも、人によっては、瞑想から同じような高揚感を得られないかもしれません。それでよいのです。自分にピッタリだと感じることをするのが大切です。

もし努力せずにできるやり方や面白いと感じる方法を見つけたら、それはすばらしいことです。逆に、大変な苦労を感じたり、自分の感情や思いをコントロールしている気がしたら、それはあまり役に立たないでしょう。純粋にありのままを許容している状態が、ポジティブな変化の起こる場所に思えます。あなたが誰であれ、自分自身でいて、自分が生き生きするようなことを受け入れてください。

私は、自分と他人のためにできる最善のことは、意識的に自分をうきうきした気分にさせて、幸せを感じることだと固く信じていますが、〝プラス思考〟という考えにはあまり賛成ではないと言えば、驚くかもしれません。すべての生命はつながっているので、自分が上機嫌でいれば、全体にも大きな影響があるのは確かです。

でも、もしネガティブな考えが忍び込んできたら、それを批判せずに受け入れて、ただ通り過ぎるのを待っているほうがいいように思うのです。感情は、抑圧したり追い出そうとしたりすればするほど、押し返してくるでしょう。そうではなく、何の判断もせずに、ただ自分の中を流れるのを許していれば、思考や感情は通り過ぎていくのです。その結果、正しい道が自然に目の前に開かれ、真の自分でいられるようになるでしょう。

「ネガティブな考えが、人生にネガティブなものを引き寄せる」という大雑把な説は、必ずしも真実ではありません。この説のせいで、すでに苦しみを経験している人たちが一層ひどい思いをしているのです。さらに、自分の考え次第で、もっとネガティブな状況を引き寄せるかもしれないという恐怖感も生み出します。この考え方をやみくもに主張すれば、つらい時期を過ごしている人たちに、彼ら自らがその出来事を引き寄せたと思わせてしまうでしょう。それはまったくの偽りです。もし不愉快な状況を生み出したのが自分のネガティブな思考だと信じれば、私たちはびくびくするようになるに違いありません。実のところ、そのような状況は、思考よりもむしろ感情と関係しているのです。特に、自分自身についてどう感じているかが大切です。

また、ポジティブなものを引きつけるには、単に陽気でいればいいというのは本当ではありません。これは強調してもしきれないことですが、自分自身についてどう感じているかが、人生の状況を決めるうえで一番大切なことなのです。つまり、自分自身に正直でいることが、ポジティブでいるよりもずっと重要です。

私は、動揺することが起きた場合、自分がネガティブな気持ちになるのを許しています。なぜなら、本当の感情を封じ込めるよりも、体験するほうがはるかに良いからです。それは、自分が感じていることと闘うのではなく、受け入れるということです。判断せずに、許すという行為は、まさに自分への愛の行為です。自分に優しくするという行為は、楽天的なふりをしているよりも、喜びに満ちた人生を創造するうえで、ずっと役に立つでしょう。

時折、とても陽気で、活気に満ち、優しい人であるにもかかわらず、人生が崩壊しそうな人を見かけて、こう思うことがあるかもしれません。「ほら、ポジティブでいるのは役に立たないんだ」と。

でも問題は、人が心の中で何を考えているか、わからないということです。私たちは、他人が日々自分に何を話しているか、あるいは幸せを感じているかどうかなど、見当もつきません。そして、一番重要なことですが、彼らが自分自身を愛し、重んじているかどうかというのは、わからないのです。

臨死体験中の理解から、私は、自分に対して批判や恐れを抱かないことがとても大切だと感じています。心の中で、自分は安全で、無条件に愛され、受け入れられていると思っている時、私はこのエネルギーを外側へと放射し、それに応じて外の世界も変えていきます。外側の世界は、私の内側の状況が反映したものにすぎません。

実際に最悪の一日だったかどうかは重要ではありません。その時、自分がどう感じていたかがもっと大切なのです。困難に直面している時も、信頼を失わず、不安や悲しみや恐れという感情が過ぎ去るまで、抑圧せずに、そのままでいるということです。それは、本当の自分に忠実でいるよう許すことにほかなりません。そうすれば、その感情は消えていき、だんだん現れなくなるでしょう。

臨死体験の前、私は、自分の心の動揺を抑圧ばかりしていました。そのような感情は、ネガティブなものを人生に引き寄せると信じていたからです。さらに、他の人たちを心配させたくなかったので、自分の思いをコントロールして、無理やりポジティブでいるように努力していました。でも、今では、本当の自分を敬い、真の姿でいることを許すことが一番大切なのだと十分理解しています。

時間のすべてのコマは完全に無比のもので、それぞれの瞬間が過ぎてしまえば、この物質的次元で再現されることはありません。私は、そのことを受け入れて、今というこの瞬間に生きることを学んだのです。可能なかぎり、今の瞬間から次の瞬間へと、感情的な荷物を引きずらないようにしています。それぞれの瞬間を白紙の状態としてとらえ、新しい可能性を見いだそうとしているのです。ですから、その時々、自分がワクワクしたり、楽しみや喜びを感じられることをしています。それは瞑想かもしれませんし、その時の気分によっては、買い物へ行ったり、チョコレートを食べることだったりします。

本当の自分ともっと仲良くして生きるとは、ポジティブな考えを自分に強要しないことだけではありません。それは、存在のあり方を意味し、自分が幸せだと感じること、情熱を目覚めさせ長所を引き出してくれること、気分が良くなることをするということです。さらに、無条件に自分自身を愛することも意味します。私たちが楽しさを感じ、生きる意欲にあふれている時、まさに自分のすばらしさとつながっているのです。自分の中にそれを見つけた時、物事がワクワク感じられるようになり、周囲でシンクロニシティが起こり始めるでしょう。

シンクロニシティと引き寄せの力は、近年、非常に注目されています。ただ引き寄せて、努力しなくても物事がうまく運ぶという考え方は魅力的ですが、私は〝引き寄せる〟というよりも、〝ありのまま許容する〟という考えのほうが気に入っています。

すでにお話ししたように、私たちは、宇宙と一つであり、私たちの目的は、すばらしい自分自身でいることです。外の世界は、自分の内側にあるものの反映にすぎません。私の人生の崩壊は、外側ばかりに注意を向けていたこと、いつも他人と比べていたこと、そのせいで起こった競争意識が原因でした。私はかつて、全員に行きわたるほど十分にものはないのだと考えていて、それが欲深さや競争心を招いたのです。自分のユニークさや他人との違いを受け入れるのではなく、他人にも自分と同じように考え、信じてもらおうとしていました。

このような感情は、宇宙が実際には無限であるにもかかわらず、乏しく制限のあるものだと思っていたことから起こったのです。宇宙は、私たちと同じだけ成長し、包み込むことが可能です。どれほど拡大し、受け入れるかは私たち次第で、それは外側からではなく、内側からなされなければなりません。

無限の自己以外には何もないとわかってから、自分自身を進行中の完璧な作品だと考え始めました。それは静止状態にあるのではなく、ダイナミックに変化しています。非常に美しい一つのイメージから、次の美しいイメージへと変わる万華鏡のように、常に完璧さを映し出しているのです。これは、人生という旅の中で、明らかな間違いの中にも美しさを見つけられることを意味します。なぜなら、それらが私をさらに深い理解へと導いてくれると知っているからです。私の目標は、自分を好きになり、心から信頼して、すべてをゆだねられるようになることです。自分の完全さを観察し始めた時、外側の世界がそれを反映し始めたのに気づきました。私は、自分にとって最善のものを引き寄せていたのです。それはまた、宇宙のために私ができる最善のことでもありました。

すでにお話ししましたが、外に出て、世の中を変えるということは私には向いていません。それは、何かが間違っているので変える必要があるという考えから生まれる行為で、問題に対する批判のエネルギーをますます増大させるだけだからです。私は、すべての思い込みや考えへの執着を手放せば、自分をもっと拡大し、宇宙エネルギーを流せるようになると感じました。このようなありのままを受け入れる状態にある時、私の人生にポジティブな偶然がだんだん起こり始めたのです。

私たちは、いつも自分に似たものを引き寄せています。ですから、私が自分に対して優しくすればするほど、外側の出来事もそれを反映するでしょう。私が自分に対して厳しく批判的であればあるほど、私の状況はそれに見合ったものになるのです。宇宙はいつも、私の自分に対する意見が正しいことを証明しています。

かつて、私は一生懸命追い求めていました。行動し、手に入れて、達成しなければならないと感じていました。けれど、何かを追いかける行為は、恐れから生じているのです。それは、自分が本当に望むものを持っていないという恐れです。その状態では、猟師と獲物のような分離の状態にばかり注意がいってしまい、二元性の中で身動きができなくなるでしょう。でも、今の私は、追いかけるのはやめ、ただありのままを受け入れています。

たとえば、人生で実現したい強い願望がある時、それを必死で追い求めようとすれば、宇宙エネルギーに対抗するだけだとわかりました。そこに到達しようと努力すればするほど、私は間違ったことをしていると実感するでしょう。ありのまま受け入れることは、努力を必要としません。それは解放されるような感じです。なぜなら、すべては一つなので、手に入れたいと思っているものはすでに自分のものだと知ることを意味するからです。

ありのまま受け入れるプロセスは、まず信頼することから始まります。次に、いつも本当の自分に忠実でいることです。このようにして私は、真に自分のものを引き寄せていますが、それは、私が受け入れられるレベルに合わせて実現します。自分が心配なこと、自分に必要あるいは足りないと思うものにフォーカスすることもできますが、その場合には、私の人生は望んでいる方へは向かっていかずに、今の状態にとどまったままになるでしょう。なぜなら、信頼し、新しい体験を受け入れて自分の気づきを拡大するのではなく、恐れや動揺や実現していないことばかりに集中しているからです。ですから、望みが現実のものとして現れるかどうかは、どれくらい早く私が不安を手放して、ただ信頼し、くつろげるようになれるかによるのです。一つの考えや結果に執着するほど、あるいは新しい冒険を恐れるほど、進歩は遅れてしまうでしょう。それは、そのプロセスに心を開かず、宇宙エネルギーが自然に自分の中を流れるのを許していない状態だからです。

そうは言っても、ただ座って、すべての選択や可能性についてあれこれ考えているわけではありません。私は、今の瞬間に意識を向けて生きています。外面的にではなく、内面的にという意味です。外側には、追い求め、引き寄せるべきものは何も存在しません。宇宙は自分の中に存在し、私が内側で体験していることが、全体に影響するのです。

すべての時間のタペストリーはすでに完成しているので、私が人生で起こってほしいと思うあらゆることは、無限の非物質的次元ですでに存在しています。私がすべきことは、この世での自分を拡大し、この領域の中に入り込むことだけなのです。ですから、もし望むものがあるなら、外に出ていって手に入れるのではなく、自分の意識を拡大して、宇宙エネルギーに現実へともたらしてもらいましょう。

自分が望むものを追い求めれば、分離を強めるだけです。ありのままを許容するということは、私たちは一つの存在で、すべてはつながっており、自分が望むものはすでに自分のものなのだという理解を意味するのです。

第18章 臨死体験についての質疑応答

臨死体験をしてから、世界中の人たちに自分の体験を話すたくさんの機会に恵まれました。次に挙げるのは、そのような場で人々から寄せられた質問と、それに対する回答です。

＊ ＊ ＊

Q あなたが向こう側の世界で体験した〝無条件の愛〟は、どのように定義できますか？ それは物質世界で私たちが体験している愛とどのように異なりますか？

A 向こう側の世界の愛は物質世界での愛とまったく違い、本質的に純粋なものです。何の目的

や期待も存在せず、感情からの行為でもなく、相手の行動や感情次第で異なった反応をするものでもありません。それは、いつも同じものです。

Q この物質世界で、無条件の愛を再現するのは可能だと思いますか？

A 私たち一人ひとりは、本質的には純粋で、無条件の愛なのです。けれど、物質世界でそれを表現すると、思考のフィルターを通すので、人間の感情として表現されてしまいます。わかりやすいたとえとして、プリズムを通った白光を考えてみてください。無条件の愛は、純粋な白光のようなものです。それがプリズムを通ると、屈折して虹色の光になります。これらが、喜び、愛、不安、ねたみ、思いやり、憎しみ、共感など、私たちのさまざまな感情だと考えてください。

私たち一人ひとりはプリズムのようなもので、白光（愛）を屈折させ、虹が持つあらゆる色を生み出します。このすべての色（感情）は、全体にとって等しく必要なものです。虹のそれぞれの色に対して善悪の判断をする人はごくわずかでしょう。私たちは、〝あの色は悪い〟とか〝その色は罪深い〟とは言わないはずです。けれど、人や感情に関しては、この感情は良いもので、他の感情は悪いと見ているのです。

私たちの感情のいくつかをネガティブと判断し、それを否定しようとすれば、本当の自分の一部を抑圧することになります。これは、自分の中に障害を生み出し、自分のすばらしさを十分に表現できなくさせます。色のスペクトルからある色を取り出すと、光の一部が奪われて、本来のスペクトルでなくなってしまうのと同じです。

すべての感情を表現する必要はありません。でも、すべて自分の一部だと受け入れなければいけないのです。特定の感情を否定することは、プリズムを通して、ある色だけ屈折させないようなものです。何の判断もせずに、自分の感情の全スペクトルを受け入れることでのみ、私たちは、無条件の愛という自分の純粋な本質とつながれるでしょう。

Q あなたが言おうとしているのは、私たちは身体を持って生まれる前から、すでに本当の自分に気づいているすばらしい存在だということですか？　もしそうなら、この世に生まれてきた時、なぜ私たちのすばらしさは損なわれてしまい、真の自分の感覚が失われてしまうのでしょうか？

A 私が感じていることをお話ししますが、答えになるというより、さらに質問したくなるかもしれません。私たちは、本当の自分を忘れるはずはなく、困難に満ちた難しい人生を生きる

必要もないのだと、私は思います。自分の的外れな考えや思い込みのせいで、自らつらいものにしているような気がします。

向こう側の世界での理解は〝刻印〟を押されるようにやってきましたが、それを自分の言葉で言えば、次のような感じでしょう。「人生は、こんなに苦しい闘いじゃなかったんだ。それどころか、思い切り楽しむべきだったんだわ！　そうだと知っていればよかった！　私が癌になったのは、愚かな思いや、自分への非難や、自分を苦しめる思い込みのせいで、心の中がひどく混乱していたからなんだ。この世へやってきたのは、自分や人生のすばらしさを感じ、自分自身を表現して、楽しむためだと知ってさえいたらどんなによかったか！」

この部分は説明するのが少し難しいのですが、努力してみます。私は、次のような疑問が思い浮かびました。「自分のすばらしさをわかっていなかったというだけで、どうして末期癌になるような大変なことが起こってしまったのだろう？」

すると次の瞬間、その答えがやってきました。「そうか。たまたま私に降りかかってきたんじゃないんだ。だって本当は、私は被害者じゃないんだもの。癌は、私が表現しなかった力やエネルギーなんだわ！　それが、外側ではなく内側へ向かってしまって、私の身体に対抗したんだ」

癌は決して何かの罰のようなものではないと悟りました。それは、私の持つすばらしい力として現れることを許されなかったために、癌として自らを表現した私自身の生命力だったのです。自分には、身体へ戻りたいか、このまま死にたいかという選択肢があることに気づきました。身体に戻ったなら、癌はもうそこには存在しないともわかりました。なぜなら、エネルギーはもはやそのような自己表現をしておらず、私の無限の自己として存在していたからです。

天国とは、特定の場所ではなく、存在のあり方なのだと理解し、その至福感はこの世へ戻っても続いていました。奇妙に聞こえるかもしれませんが、私たちの〝本当の家〟も、場所ではなく一つのあり方にすぎないと感じています。今この瞬間、私は我が家にいると感じています。他の場所へ行きたいという気持ちはありません。ここにいようが、向こう側の世界にいようが、私にとってはまったく違いがないからです。それはすべて、私たちのより大きく拡大した、無限であるすばらしい自分の異なる側面にすぎません。私たちの本当の家は、一人ひとりの内側にあり、それは私たちが行くところ、どこにでもついてくるのです。

Q 私は臨死体験をしたことがありませんが、あなたが話しているようなすばらしい生命力を手に入れ、それに対する信頼を維持する方法はありますか？

A もちろんです。自分のすばらしさを理解するのに、臨死体験をする必要はありません。宇宙の生命エネルギーに対する信頼とつながりを築いて、維持するための最善の方法は、内側からもたらされると、私は体験から学びました。それは、自分自身を愛し、信頼することから始まります。そうすればするほど、宇宙のタペストリーの中心にいると感じられるでしょう。一人ひとりがつながっていると感じられれば、他人の心に触れることができ、彼らにも同じように感じてもらえるのです。

Q もしあなたに信念体系や信仰がおありなら、ヒーリングや病気の治癒においてどんな役割を果たしましたか？　また、この体験後、これまで信じていたものが変わりましたか？

A 私のヒーリングには、何の信仰心も必要ではありませんでした。むしろ、私の病気が治ったのは、これまで抱いていた信念や教えを完全に捨て去ったためと言えるでしょう。私の場合、臨死体験がそのきっかけを与えてくれました。
私の見るところ、強い思い込みが、かえって害となっていたのだと思います。それは私を自分の知っている範囲内に閉じ込め、人生経験を狭めてしまいました。というのは、この世での知識は、身体的な感覚に制限されているからです。けれど、不確実なものを受け入れれば、

あらゆる可能性に心が開かれます。不確実性は、無限の可能性につながっているのです。確実なものを求めれば、思いもかけないことが起こる可能性が妨げられます。〝私は知らない〟とか〝何が起こるか見てみよう〟と思っていれば、その拡大した自己がシンクロニシティによる答えや解決法を与えてくれるのです。不確かな世界に足を踏み入れた時、私は最もパワフルになりました。これまでの思い込み、疑惑、教義などをすべて手放した時、無限の宇宙とつながって、私の人生に最善の結果がもたらされたのです。この時に、一番はっきりとした内なる理解を受け取り、魔法が起こったのです。

すべての執着を手放すとは、自由を受け入れるということで、自分の神性とすばらしさを信頼することです。これは、一つのヒーリングの形態でもあります。病気を治してほしいという欲求を手放した時、私の人生はもっと自由で、完全で、楽しいものになりました。

Q 源への信頼が、あなたのヒーリングを可能にしたと感じていますか？

A 私の体験では、私自身が源になり、そこには完全な明晰さがありました。自分の拡大した気づきの外に、源はありませんでした。まるで私が全体を包み込んでいるような感じでした。すでにお話ししたように、私のヒーリングのためにどんな信念も必要ありませんでした。と

いうのは、その状態で、完全な明晰さがあり、すべてわかったように感じられたからです。これまでの思い込みや信仰は〝知っている状態〟に道を譲りました。私がすべてになった感じでした。私はあらゆるものの中に存在しており、それらはすべて、私の中に存在していたのです。私は永遠で無限の存在になりました。私はこの明晰さに目覚め、ただ理解しました。もし戻ることを選択したら、私の病気は治癒するとわかったのです。

私は体験から、人はみんな一つだと感じています。私たちは一つのものが分離した存在で、やがて全体へと戻るのです。私は、臨死体験によって、ワンネスをちらりと見たような気がします。それは神、源、ブラフマン、大いなるすべて……などとも言えますが、その言葉が意味するものは人によってさまざまでしょう。神とは、私や他の人と異なる存在ではないと理解しました。私にとっては、別の存在というよりもむしろ、存在のあり方を意味しています。それは二元性を超えていて、私は内部で永遠にその場所とつながっており、決してそこから離れることはありません。私の身体による表現は、この全体の一つの側面にすぎないのです。

Q 自分の個人的な意志と全体の意志がつながって、ヒーリングパワーに自由にアクセスできる場所があるのですか？

A 誰でも、自由にそのヒーリングパワーが存在する場所にアクセスできるのだと思います。その邪魔をしているのは、私たちの集合的な神話——何世代にもわたって自分に話してきた物語——だと信じています。この思い込みの蓄積が、この世の中で私たちが体験する分離や不調和を生み出しているのでしょう。そこには、私たちの身体の不調和も含まれます。

私たちは、人から人へと受け継がれる目に見えないミーム（思想的遺伝子）を運んでおり、それが真実との関係を断ち、自分は宇宙エネルギーと一つではないと信じさせているのです。そして二元性の中で動けなくなり、自分の創造のセンターから離れてしまうのです。私たちは、これらの神話を作り出すだけでなく、それを運んでいます。私たちの神話が変われば、自分の物質的現実もその変化を反映するでしょう。

このようなヒーリングをもっと多く目にするには、自分の神話を進化させ、私たちは宇宙エネルギーと一つであると理解させるミームへと変えなければいけません。そうすれば、いつも自分の創造のセンターとつながっていると感じられ、周囲にもっとポジティブなエネルギーをもたらせるでしょう。私たち個人の創造的目的が宇宙の生命エネルギーと一つになった時、ヒーリングが起こるのです。

Q 臨死体験以来、自由な感覚がありますか？　もしそうなら、どのように表現できますか？

A　解放されたような感じがしています。臨死体験によって、これまで抱いていた思考形態、思い込みから自由になっただけでなく、常に新しいものを探さなければいけないという思いもなくなりました。

私たちは、何らかの教えを探し、それにしがみついている気がします。その教えが、不確かな時代において安心感を与えてくれるからでしょう。けれど、ついそれに頼りがちになってしまい、確実な安心感を得たいために、それが真実であることを願うのです。制限された現実についての思い込みが根づけば根づくほど、その考えはますます恒久化するでしょう。

私は、身体的、心理的な確かさを求めることからの自由を少しの間だけ体験しました。言い換えれば、疑わしい状況にあっても、完璧さを感じられたのです。そのレベルの精神的な自由を維持できることが、私にとっての真の自由です。

Q　もしあなたの癌が治らないとわかっていても、この世に戻る選択をしましたか？

A　その時私はとても明晰な状態だったので、自分が戻る理由と、なぜ病気の身体で表現しようとしているのかを理解したうえで、戻ってきたのではないかと思います。その理解があれば、たとえ病気が残ったとしても、心の中の苦しみが取り除かれた、あるいは少なくなったはずです。病気の身体で生きなければいけないことに、目的意識を抱いたに違いありません。私は、身体的状態がどうであれ、誰もが目的を持っているものだと思っています。

Q 私たちの誰もが本来の自分であるべきだというあなたのメッセージが、はっきりと伝わってきました。でも、犯罪者や殺人者はどうなのでしょうか？　彼らも、本来の自分であるべきですか？　さらに、あなたは、向こう側の世界には審判はないと言っています。それは、殺人を犯しても逃げられるという意味ですか？

A 向こう側の世界には、非難や糾弾は存在しません。なぜなら、非難すべきものは存在しないからです。私たちは誰でも、純粋な意識なのです。

多くの人は、死後、審判がないというのが気に入らないようです。人は、自分の悪行に対して責任をとると考えるほうが楽なのでしょう。でも、罰、報い、裁き、非難のようなものは〝この世〟ならではのもので、〝あの世〟のものではありません。だからこそ、この世には法律や規則や制度が存在するのです。

向こう側の世界では、自分の状態や行動の理由がはっきりわかります。それが、人生でどんなに倫理に反するものであってもです。他人を傷つける人は、自らの苦しみや制限や分離の感覚からそうするのだと、私は信じています。レイプや殺人などの犯人は、自分のすばらしさをまったく感じられなかったのでしょう。他人にそれほどまでの苦しみを与えるくらいですから、自分自身の内側はこの上なく不幸だったに違いありません。ですから、彼らに必要なのは、あの世での審判やさらなる苦しみではなく、誰よりたくさんの思いやりを与えられることなのです。

実際、犯罪者や殺人者が、本当の自分を生きているとは思いません。私たちは、自分の道を見失い、本当の自分は誰かという真実から離れてしまった時に、破滅に走るのだと思います。犯罪者は自分の中心を見失っていて、彼らが他人に対してしたことは、内側で自分について感じていることの反映なのです。

私たちは、加害者と被害者を〝彼ら〟と〝私たち〟に区別したがりますが、実は〝彼ら〟というのは存在せず、すべてが〝私たち〟なのです。連続殺人犯は、癌患者と同じように、ひどく病んでいます。もし今日の世界にたくさんの殺人者がいるとしたら、それは病んだ社会だという意味です。彼らを投獄することは、癌の症状への対処のように、短期的には社会のためになるかもしれません。でも、私たちが社会の内側にある核心的問題に取り組んで乗り越えないかぎり、問題は大きくなり続け、もっと多くの刑務所を建設し、司法制度を厳しくする必要が出てくるでしょう。犯罪者は、社会の被害者にすぎません。彼らは、全体としての私たちの中に問題があることを示す徴候なのです。

私は、犯罪者の行為を大目に見ているのではありません。自分自身がすばらしい存在だという理解が私を変えたと言おうとしているのです。もし、誰もが自分の真実とつながり、そのすばらしさを知ることができれば、有害なことなど選択しないでしょう。永遠に一つであると感じている幸せで愛された人は、他人を傷つけることは自分を傷つけることと同じだとわかっているはずです。

Q 犯罪者や殺人者も、聖人と同じ場所へ行って、何の批判もされないということですか?

A はい、それが私の言わんとしていることです。

真の自分自身とつながっている状態では、どんなにネガティブに思えることでも、自分がしたことはすべて、恐れや苦しみや限られた見方から起こったのだと理解できます。それは、私たちの身体的限界が明らかになって、自分の行動の理由がわかり、思いやりだけが感じられるでしょう。

他の方法を知らなかったゆえに起こったことなのです。でも、向こう側の世界に行けば、私たちの身体的限界が明らかになって、自分の行動の理由がわかり、思いやりだけが感じられるでしょう。

私たちが〝犯人〟とラベルを貼った人は、実は、自らの限界や苦しみや恐れの被害者だったという感じがするのです。このことがわかると、自分があらゆる人やものとつながっている気がするでしょう。向こう側の世界で、私は、人はみんな一つの存在だとわかりました。私たちはみんな同じなのです。

誰もがこのことを知っていれば、法律も刑務所も必要ありません。でも、この世ではそれが理解されていないので、〝私たち〟と〝彼ら〟を区別して考え、そのために、恐れから行動しているのです。裁判や法律や刑務所や刑罰が存在するのは、このような理由からです。この世では、今の時代、私たちが自分を守るためにそれが必要なのです。けれど、向こう側の世界では、刑罰のようなものはありません。なぜなら、向こうへ行った時、私たちは、みんなつながっていると気づけるからです。

Q もし私たち自身が自分の現実を創造しているなら、人は自分がしたことについて、カルマによって罰せられるのでしょうか？

A すでにお話ししましたが、臨死体験中は、罰せられるということはありませんでした。カルマは、因果応報というよりも、バランスの概念だと思います。たとえば、私は決して〝悪いカルマ〟という言い方をしません。そのようなものは存在しないと信じているからです。人

生のあらゆる側面が、全体を創造するのに必要なのです。

さらに私は、直線的な時間の中で、生まれ変わって異なった人生を生きるということも、もはや信じていません。それは、多くの人が信じているカルマという概念の枠組みであり、私自身もその中で育てられました。

ところが、臨死体験中、私たちの人生におけるあらゆる瞬間――過去、現在、未来のあらゆる瞬間――は、同時に存在しており、まるで私たちが時間として知るものの外側にあるかのようだったのです。私は、自分がすでに、到達しようとしていた状態にあることに気づきました。そして、それは誰にとっても同じだと信じています。私たちが、ポジティブ、ネガティブ、善悪と認識しているものはすべて、完璧で調和のとれた全体の一部にすぎないのです。

Q 許すことの大切さについて、人々が言っているのをよく耳にします。向こう側の世界でも、許さなければいけないのでしょうか？

A 臨死体験中に、とても鋭い明晰さがもたらされ、許すという概念がとても異なった意味を持つようになりました。私は、自分が許さなかったのは他人ではなく、自分自身だったと悟ったのです。自分がした間違いのようなことに対して、ネガティブな判断はいっさいされませ

んでした。自分のすべての行為に関して、なぜそうしたのかという理由が、ただ理解できたように感じられたのです。

さらに、その判断されることのない無限の世界では、自分や他人を許す必要性もないのだとわかりました。私たちはみんな完璧で、すばらしい宇宙の子どもであり、純粋な愛からできているのです。判断や非難ではなく、無条件の愛を与えられることが私たちの生まれながらの権利で、そのためにすべきことは何もありません。それは、私たちそのものなのです。許す必要性は善悪で物事を見ることから生じ、判断が存在しなければ、私たちが許すべきものは何もありません。私たちが創造している宇宙のタペストリーの中で、あらゆる思考や言葉や行いが、無限のすばらしい全体を創造するために不可欠なのです。前にお話しした光のスペクトルのように、すべての色がコントラストを与え、存在に生命をもたらすために必要とされています。

では、許すとは一体どういうことでしょうか？　私は、許すという言葉を、自分や他人への共感、無条件の愛、思いやりという言葉に置き換えたいと思います。今の私は、誰かを判断したり、許しを求める必要性を生み出すかわりに、全体の中で一人ひとりが演じている多種多様な役割を大切にし、それに敬意を払っています。

Q　自分への愛が強すぎて、利己的で自己中心的になるということはありませんか？

A　私たち一人ひとりが無限の宇宙の中心にいて、全体に対して非常に大きな影響力を持つと理解すれば、自分を愛することがいかに大切かわかるはずです。私たちは、自分が持っていないものを与えることはできません。

私の育った文化では、最初に他人のことを考えて、自分のことは最後かまったく考えるなと教えられました。私は、自分を愛し、尊重するようにと言われたことがないのです。その結果、私には、他人に与えられるものがほとんどありませんでした。自分のカップを、自分に対する思いやりでいっぱいにした時、初めて他人にも与えられるのです。自分自身を無条件に愛し、すばらしい存在として敬いと思いやりをもって受け入れられた時、同じものを他人にも提供したいと思えるでしょう。まず最初に自分を大切にすることがあって、その必然的な結果が他人のお世話をするということなのです。

利己的な考えは、自分への愛がほとんどないか、あまり多くない状態から生じます。私たちは、その不足を埋め合わせようとするのです。他人に対する真の愛情がありすぎるということがないのと同じように、自分のことを大事にしすぎるということはありません。私たちの世界は、自分への愛が少なすぎて、判断や不安や恐れや不信が多すぎるために苦しんでいるのです。もし私たちがみんな自分のことをもっと思いやれば、このような病のほとんどは消えてなくなるでしょう。

自分のことを愛してもいないのに他人に対して「あなたを愛している」と言うのは、単なるお芝居で、決して本物ではありません。自分と他人に対する愛情は同じものです。私たちはみんな一つで、互いにつながり合っているのです。私たちが自分の神性に気づけば、自分のすばらしさを見つけることができ、無条件に愛される価値があるとわかるでしょう。それを理解できたら、同じことを他人にも簡単にできるようになるはずです。

Q スピリチュアルな道を歩んでいるほとんどの人は、エゴがスピリチュアルな成長の邪魔をするので、エゴを追い払うべきだと信じています。あなたがそのように主張しないのはなぜですか？

A もしエゴを否定すれば、それはもっと強く押し返してくるからです。何かを拒絶すればするほど、それは生き延びるためにもっと反撃してくるでしょう。でも、無条件に自分のエゴを愛し、この人生で自分を表現するための一部だと受け入れることができれば、もはやエゴは問題ではなくなります。それはあなたの成長を邪魔するどころか、役に立ってくれるのです。

私たちはみんな、エゴを持って生まれてきます。それは、この世での本当の自分の一部なのです。死んだ時、私たちはエゴから完全に解放されますが、生きている間は、エゴと闘うほど、自己批判に苦しむでしょう。私たちは自分のエゴを無条件で愛した時、初めて他人のエゴも受け入れられるのです。そうすれば、エゴはもはや問題ではなくなり、あなたの謙虚さやすばらしさが輝くようになるでしょう。

Q 他人への奉仕について、あなたの考えをお聞かせください。

A 奉仕が心からの気持ちで行われる時、それは自分への愛の最も崇高な形となります。そのような場合、奉仕しながら、喜びや楽しさを感じるでしょう。それは、自分自身だけでなく、相手の気持ちも明るくし、相手の自尊心を高める助けにもなります。

けれど、責任感や義務感から奉仕を行えば、深刻でつらい感じがし、エネルギーが吸い取れるかもしれません。それは自分にとって何の役にも立たず、相手にとっても良いことは一つもありません。あなたが責任感から行動していると相手の人が気づいているなら、なおさらです。相手は、自分がつまらなく、価値のない人間だと感じてしまうでしょう。

さらに、私たちが心から何かを行う時、それはもはや行為ではなく、私たちという存在そのものになります。それについて考える必要も、そのために何かする必要もありません。その時私たちは、地球上で体現するという奉仕の道具になれるのです。これは、〝奉仕の存在であること〟と、〝奉仕を行うこと〟の違いです。

この状態は、自分と宇宙は別のものではないという理解とともにやってきます。つまり、自分が全体のためにすることは、自分のためにしていることでもあり、その逆もまた同じだとわかるのです。それは、真に喜びに満ちた楽しい状態です。

Q あたりを見回すと、自分の現実や意見が正しいと主張する人たちの憎しみや口論や敵意であふれているように思えます。でも、あなたをはじめとする臨死体験をした人たちは、私たちが現実だと思っているものは夢と大差がないと言っています。つまり、世間の人は誰の幻想が一番もっともかと議論しているだけだと言うのです。このことについてもう少し詳しく説明してもらえますか?

A 私には、自分の体験を述べることしかできません。自分が死んだ時は、まるで夢から目覚めたような感じでした。どこかに行ったような感じではなく、覚醒して、三百六十度の視野と、完全な共感覚(複数の感覚が同時に認識されること)が得られたようでした。自分に関わる

あらゆるものが見え、聞こえ、感じられ、わかったのです。私は、自分の過去、現在、未来を同時に生きていました。さらに、私に関係する出来事は、壁や空間を超えて、すべてわかりました。ですから、医師たちの会話が聞こえ、兄が飛行機に乗っているのが見えたのです。何かにたとえるとしたら、盲目の人が初めて見えるようになった感じでしょう。その人がどこかへ行ったわけではありませんが、世の中が実際にどのようなものかはっきりと見えて、しかも、自分が思っていたのとはまったく異なっていることに、驚くのです！　そして、突然、さまざまな色や色合いのようなものを理解します。それは、これまで抱いていた概念上の理解をずっと超えたものでしょう。

私の場合、私たちみんながどのようにつながっているのか、宇宙は私の中にあって自分の感じていることがいかに宇宙に影響を与えているのか、ということについてとてつもない理解がもたらされました。私が幸せなら、宇宙は幸せなのです。私が自分を愛していれば、他人も私を愛するでしょう。

この世に戻ってきて、臨死体験中の高まった感覚が幾分失われはしたものの、理解や明晰さや愛の感覚は、今でも私の中に残っています。小さな点はすでにつながり、かつての思考に戻ることはありません。目の見えるようになった盲目の人が、再び盲目に戻った時のことを想像してください。そこからの人生は、たとえ目が見えなかったとしても、本当はどのように見えるか彼は知っているはずです。私も今、まさに同じように感じています。この現実世界が本物ではないということについてですが、この世はこういうものであるという自分の思いによって、私たちは自分の現実を創り上げているのだと思います。目覚めた状態では、この三次元の現実は、私の考えの結果にすぎないように感じられました。向こう側の世界に行った時、この世よりもずっと現実のような場所で目が覚めたのです。それはまさに、夢から目が覚めた時のような感じでした。

Q 宗教についてどう思われますか？　ご自分の体験について語る時、めったにそのことに触れていないように思いますが。

A それは、死が宗教を超えたものだからです。宗教は、生きるため、死を理解するための助けとして私たちが創り上げたものです。けれど、向こう側の世界を体験してから、それを宗教に当てはめようとすると、どの宗教も十分ではない気がしました。
私が宗教について話さないもう一つの理由は、宗教は争いの種になり、それは私の意図するところではないからです。私は、包括的なものを望んでいます。私たちはみんな一つで、死んだ時には、みんな同じ場所に行くのだと知っています。私にとって、みなさんがイエス・

キリスト、仏陀、シヴァやアラーの神などのどれを信じていようが重要ではないのです。大切なのは、今ここで、あなたが自分のことをどう感じているかです。なぜなら、それがここでのあなたの人生を決定するからです。今この瞬間以外の時間は存在しません。ですから、自分自身でいること、そして自分の真実を生きることが重要なのです。自分のすばらしさを信じて生きている情熱的な科学者は、マザー・テレサと同じくらい、人類にとって重要な存在なのです。

Q

あなたの臨死体験中の学びの中で、最も興味をそそったことの一つは、そこに深遠で幅広い意味合いが込められていることです。具体的に言えば、この瞬間に私たちが行う選択によって、未来と同じように、自分の過去も効果的に変えられるということです。私は、あなたの書いたことを深読みしすぎていますか？　それとも、あなたが理解したことは、そのようなことですか？

A

あなたは、私が言おうとしたことを正確に理解しています。現在の瞬間は、私たちが自分の現実を創造するための唯一の時間です。ここで、わざと、「私たちの未来を創造する」と言わなかったことに注目してください。私には、過去も未来も流動体のように感じられました。

ですから、この世に戻るか戻らないかによって、検査結果を変えることができたのです。なので、このことが重要であるというあなたの意見に同感です。私にとって、この気づきは、今も日々広がり続けており、臨死体験そのものよりも大きな意味をもたらしています。

Q

臨死体験の話の中で、あなたは「あらゆる病気はまずエネルギーの中で始まり、それが身体に現れてくる」と言っています。これはどのように起こるのでしょうか？　また、最初にエネルギーの中に病気を生み出すのは何なのでしょうか？

A

臨死体験中、私は、自分の身体が、固体として存在していないように感じました。私は純粋なエネルギーだったのです。おそらく、これは魂とかスピリットの状態とも解釈できるでしょう。それは身体よりもはるかに大きく、その時の感じから、〝すばらしいもの〟という言葉を使いたいと思います。物質的な身体を持つのは、単なる結果に思えました。この無限のエネルギーの広がりが本当の私で、身体はこの生命力がどれくらい〝現れているか〟あるいは表現されているかを示すバロメーターにすぎないのです。三次元の世界のほうが異次元で、私のエネルギーの広がりのほうが本物に思えました。

このことから、〝高い波動を持つ〟と言われる人は、おそらく自分の本当のすばらしさをはっきり表現していて、そのためにバロメーターの指数がとても高いのではないかと思います。その結果、その人のポジティブなエネルギーや存在感が強力なのでしょう。けれど、向こう側の世界では、人より強いとか弱いとかはないような感じでした。誰もがすばらしい存在だからです。この次元で、自分のすばらしさを身体を通してどれくらい表現するかは、私たちの選択にかかっているようです。

Q あなたのヒーリングパワーは、外側からではなく、内側からやってきたということですか？

A 内側からでも外側からでもありません。または、その両方からだったとも言えるでしょう。二元性の状態から表現する必要がなくなった時、内側と外側を隔てているものはないのだとわかりました。私はあらゆるものの源になり、源は私になったのです。でも、ヒーリングの背後にあるのは自分自身の力だと思っているかと尋ねられたら、答えはノーです。エゴや身体と一体化しているとそう思いがちですが、ヒーリングは、無限の自己を通して表現し、自分が源や他のものとは別の存在ではないと理解したために起こったことです。

Q 西洋や東洋におけるさまざまなヒーリング法についてどう思われますか？

A 多くのヒーリング法が有効だと感じています。また、ヒーリングのために臨死体験をする必要があるとはまったく思っていません。

臨死体験をする以前、私はあらゆることを恐れの気持ちから行っていました。ヒーリングについても同じです。当時は、それを行わなかった場合の結果を恐れながら、いろいろなことを試していたのです。

けれど、もはや恐れが存在しなくなり、信頼して行動するようになった時、ヒーリング法がうまく働きだしました。インドでの短い滞在で、私の状態はずっと良くなりました。それは恐れを感じる環境ではなかったからです。私は、癌に対してまったく異なる見方をする文化の中にいました。欧米化した香港では、私の出会ったほとんどの人が癌をものすごく恐れていて、私はその影響を受けていたのです。でもインドでは、違った見方を教えられ、それが希望となりました。私はその見方を信頼し、それが瞬く間に自分の健康に影響を与えるのを感じました。

Q インドへ行ってアーユルヴェーダの治療を受けて、癌が治ったように思えたのに、香港に戻ってから、再び癌も戻ってきたと書かれています。どうしてインドで癌が消えたのに、香港に戻って再び現れたのだと思いますか?

A

繰り返し言いますが、インドではアーユルヴェーダが私のために役立ちました。そこには対立するものがなかったからです。周囲の人みんなが同じことを信じていて、私がしていることは全員にとって道理の通ったことでした。ですから、私は混乱せず、初めて自分が正しい道にいると感じられたのです。アーユルヴェーダの医師やアシュラムといったたくさんのサポートもあり、それがすべてこの方法を支持していました。

けれど、香港では、さまざまな文化圏の選択肢が無限に存在し、それぞれの方法が互いに対立していました。私の第一希望は、決して伝統的な西洋医学ではありませんでした。ほかに気持ちが傾くものがなければその方法を選んだかもしれませんが、それでも心から望むものではなかったのです。

もし私が中国で生まれ育っていたなら、伝統的な中国医学が私にも効果があったでしょう。でも、その場合、最初から病気になっていなかったかもしれません。中国文化では、癌は、〝西洋人の病気〟と言われています。中国や日本やインドでは、癌の発症率が欧米に比べてはるかに低いというのを聞いたことがありますか？

それは、食生活のせいだと言う人もいますが、私は理由の一部にすぎないと感じています。おそらくもっと大きな要因は、ものの考え方でしょう。つまり、西洋では、癌に対する思い込みや恐怖感、癌についての啓蒙活動などが発症率を上げているのです。伝統的な西洋医学では、癌を発見することに焦点が当たっていて、その技術のほとんどは、全体的な身体の健康やバランスの促進よりも、診断に役立つものばかりです。

Q 東洋と西洋のヒーリング法で、あなたが経験した違いはどんなものですか？

A 二つの間を行ったり来たりしたので、恐れと希望のはざまで、感情が揺れ動いていました。西洋医学の医師たちは、癌にすべての注意を向けて、まるで、異物が私の身体を攻撃しているので取り除かねばならない、というように感じさせました。言い換えれば、癌は敵で、攻撃すべき対象だったのです。彼らの診断はいつも恐怖感を私に植えつけました。
一方、アーユルヴェーダや伝統的な中国医療などの東洋の医師たちは、私の健康をもっとホリスティックな面から考えていました。私の病気は、身体が不均衡な状態を治そうとしていることの現れだと見ていたのです。それは、身体的な不均衡だけでなく、感情的、精神的な不均衡も含めてのことでした。実のところ、癌は私の味方だと彼らは考えていました。このような考え方ははるかに励みになり、私にもっと希望を与えてくれました。
臨死体験のあと、癌そのものは、敵でも病気でもなかったと考えられるようになりました。今では、それが私に何を言おうとしていたのかわかっています。癌になったのは、身体が私自身を癒そうとするやり方だったのです。私にとって、癌のことをやっつけるべき敵と見ることは、最初にそれを生み出した根本的問題を取り除く助けにはなりませんでした。結局、臨死体験中、より深い何かが働き始め、癌細胞を消滅させたのです。

Q あなたは、すべてのヒーリング法はそれぞれの文化に根ざしていて、癌の治療に関しては、とりわけどれが本質的に優れているというわけではないと言っているように思えます。私の理解は正しいですか？

A その通りです。それが、私自身の体験から言っていることです。私の見方では、現代の病気の多くは、実際には精神的な病が身体に現れたものです。心や精神に働きかける治療法のほうが、単に身体だけに働きかける方法よりも、変化をもたらすチャンスははるかに大きいでしょう。そして、文化的に支持されている方法のほうが、そのような支持のないものよりも効果的です。もしその方法が患者の考え方やスピリチュアルな見地に合うものなら、なおさらです。

Q あなたご自身の体験から、癌と医学についてどうお考えですか？　私たちは、癌の治療法の

発見に近づきつつあると思いますか？

A

私のような特定のケースは、身体ではなく、心と精神の病気だと信じています。もっと深いところにあるものが、身体に現れたにすぎません。このような場合、その治療法が医学で見つかるかどうかわからないでしょう。なぜなら、科学者は、悪いところばかり見ようとしているからです。原因ではなく症状を調べるだけで、その症状を隠すための薬を作っています。医学は症状には対処できるかもしれませんが、〝治療法〟を見つけられるとは思いません。

私の体験にもとづいて言えば、癌について豊かな研究分野が存在するように思えます。けれど、残念なことに、私が癌の本当の原因だと思うものの研究には十分な資金が与えられておらず、薬物中心の治療法に何千億ものお金が費やされています。人々に自らの聖なるすばらしさにもっと気づいてもらうことよりも、薬品を売ってお金を儲けることのほうが簡単なのかもしれません。

私の癌は、自分のアイデンティティに関わるものだと思っています。まるで、私の魂が、それ自体の価値の喪失、つまりそのアイデンティティの喪失を悲しんでいると、私の身体が告げていたような気がしました。もし私が本当の自分を知ってさえいたら、癌にはなっていなかったでしょう。

Q あなたが体験した死後の観点から、お金についてどう思われるか聞かせてください。お金はこの世の多くの問題や災いの原因だと信じている人がいますが、それをどう思われますか？

A お金そのものには、私たちが与えないかぎり、何のパワーもありません。この次元では、あらゆるものに関して同じことが言えます。どんなものでも善あるいは悪の目的で使えますが、お金それ自体はそのどちらでもありません。私たちが、それにパワーを与える選択をして、お金や宗教や人種などに対し、ネガティブあるいはポジティブな判断をしているだけなのです。その結果、それらについてどちらが優れているかという信念が創り上げられ、さらに自分がどちらの側にいるかによって、優越感を持ったり、ひがんだりする状況が生まれます。

これが悪いことだと言っているのではありません。この世に存在するのに必要なことかもしれません。私たちは、二元性に見える世界で生きており、そこで何が良くて何が悪いか、何がネガティブで何がポジティブかを、常に決めています。私たちには感情があり、それを、たとえばお金についての信念につぎ込んでいます。同じ感情を他のものへ与えれば、それはお金が持っているのと同じ力を持つでしょう。

しかし、死は二元性を超越しています。それは、宗教、人種、文化など、私たちのあらゆる価値や信念を超えたものです。私たちの本質はこのようなものではなく、それらを用いて表現しているだけです。私たちは、それよりもはるかに大きな存在なのです。

Q

自分を癒したい人たちは、「自分にヒーリングが起こると信じる」「手放して、ヒーリングが起こるのを許す」「ヒーリングが起こる場所にアクセスする」というようなことを、どのように始められるのか知りたいと思っています。このような決まり文句は、普通の人にとっても役に立つのでしょうか？　自分の身体を癒したい人は、実際にどうすればいいのか教えていただけますか？

A

私は型にはまった方法論や教えのようなものを推奨するのは好きではありません。もしそうすれば、ますます教義を増やすことになるからです。大切なのは、そういったものから自由になることです。けれど、病気や症状を、〝追い払うべき敵〟として見ないようにすることはお勧めします。それは、恐怖からの反応だからです。私にとって病気は、私の身体が自分を癒すための方法でした。もし敵対心を持って病気をやっつけようとすれば、逆にそれを敵に回して、かえって悪くなってしまうでしょう。

これは、必ずしも、医師のところへ行くべきでないということではありません。私は、病気や身体の症状をいかに見るべきかを話しているだけです。大切なのは、病気についてくよくよし、病気を治すことだけを目的にして毎日を過ごすのをやめることです。心が紛れ、ポジティブで創造的な刺激を与えてくれることに夢中になるほうが、ずっと効果的です。私は、幸せになるために自分の健康がこうでなければいけないという考えから自由になり、すでに健康であると思い、今の瞬間に喜びを感じるようにしています。

現在に生きるとは、時間のあるコマから次のコマへと感情の荷物を持ち運ばないことを意味します。あらゆる瞬間がかけがえのないものであり、再現することはできません。自分の恐れを持ち続け、病気のままでいるかどうかは、私たちが自分で選択することです。

あなたは、スピリチュアルなリーダーのようになる必要はありません。ただすべての瞬間を最大限に生かし、精いっぱい生き、自分が幸せになれることをしてください。あなたの人生が残り一ヶ月であっても、百年あっても同じです。

Q 理論的には面白いのですが、もっと実用的なアドバイスをいただけますか？　現在、どのようにして健康を保っていますか？　食事で気をつけていることは何ですか？

A 臨死体験をしてから、私の食生活は変わりました。でも、きっとあなたが考えているようなものではありません。以前は、食べ物に関してひどく神経質になっていました。私は厳格な

菜食主義者だったのです。オーガニック食品だけを食べて、マクロビオティック、ビタミン剤、小麦若葉ジュースにのめり込みました。これは病気になる以前のことです。私は、電子レンジから防腐剤まで、あらゆるものが癌を生み出すと思っていました。当時はとても健康的な食生活をしていましたが、すべて恐怖心からだったのです。

現在は、自分が食べたいと思うものを食べています。チョコレートを食べたり、ワインやシャンパンを飲んだりする時もあります。食べ物や人生を楽しむことだけはいつも忘れません。何よりも、幸せでいることが一番大切だと思っています。

病気への恐怖心から正しい食事をとって、惨めになっているのでは楽しくありません。心配ばかりしていれば、別の問題が起こるでしょう。実際、私たちの身体には、自分で思っているよりもずっと回復力があるのです。幸せで、ストレスがなければ、なおさらです。

健康に良い食事を選択したとしても、恐れではなく、愛からそうしています。これが、人生のあらゆる面での私のやり方になりました。あなたにも同じようにしてほしいと思います。

Q 臨死体験からのメッセージやレッスンで、あなたがみんなにぜひ知ってほしい、あるいは理解してほしいと思うことは何ですか？

A

あなたのあらゆる部分、つまりエゴも知性も身体もスピリットも、すべてがすばらしいことを知ってほしいと思います。あなたは、この宇宙の創造における美しい産物なのです。あなたのあらゆる面が完璧です。手放すべきものは何もありません。許すべきものも、達成すべきものもありません。あなたはすでに必要とするものすべてなのです。とても難しく聞こえるかもしれませんが、実は簡単なことです。

もし、ある宗教において、その神よりも自分は劣っていると思っているなら、あなたは誤解をしているか、その宗教が真実をうまく教えていないということです。もしグルや教師やマスターが、あなたは〝まだ〟悟っておらず、そこに到達するために〝学び〟〝解放し〟〝手放す〟必要があると思わせているなら、彼らはあなたの本当の姿をうまく教えていないか、あるいはあなたが彼らを誤解しているのです。

あなたのそばにいるすべての人に、ありのままの自分でいることを思い出させてください。そして、あなたは彼らのありのままを愛していると言ってください。彼らは完璧で、あなた自身も完璧なのです。愛に値しないものは何一つありません。ほとんどの苦しみは、〝劣っている〟と感じることから生じています。あなたが誰かあるいは何かより劣っているということはありません。あなたは完全なのです！

あなたが学ぶべき唯一のことは、自分はすでに到達したいと思っていたものになっているということです。恐れずに、自分のすばらしさを思うままに表現してください。それが、あなたのこの世にいる理由です。

おわりに

この本を終えるにあたって、最後にいくつかお話をしたいと思います。自分のパワーを他人へ与えてしまわないようにすることを、いつも覚えていてください。自分のすばらしさともっとつながりましょう。正しい道を見つけることに関しては、一人ひとりにとって異なる答えがあります。私が知っている唯一の共通した答えは、自分を無条件に愛し、恐れずにありのままの自分でいることです！　このことが、臨死体験中、私が学んだ一番大切なレッスンです。正直なところ、もしこのことを前々から知っていたら、癌にはならなかっただろうと思います。

私たちが自分自身に正直でいれば、地球のための真の道具となれるのです。私たちはみんなつながっているので、周囲の人たちの人生に触れ、その人たちがまた他の人たちに影響を与えます。私たちの義務は、愛の存在でいること、そして、自分にとって適切な方法で内側から答えを受け取ることだけなのです。

最後に、これは何度言っても言い足りないくらいですが、自分自身を楽しみ、自分や人生についてあまり深刻に考えすぎないでください。伝統的なスピリチュアルの教えにおける一番大きな欠点の一つは、人生をあまりにも深刻に受け止めさせることです。私が教義を嫌っているのはおわかりだと思いますが、もしヒーリングに関するスピリチュアルな道について一つ教義を作らなければいけないとしたら、リストの一番目にもってくるのは、〝毎日必ずたくさん笑うこと〟です。これは文句なしに、祈りや瞑想や詠唱や食生活の改善よりもはるかに効果的と言えるでしょう。ユーモアや愛のベールを通して眺めた時、日々の問題は決して大きいものには見えません。

情報技術が進んだこの時代、私たちは光速でやってくるさまざまな情報にいつも追い立てられています。ストレスや恐れに満ちた時代の中で、あらゆるものから自分を守ろうとしているうちに、自分自身を楽しみ、自分の内側にあるもののお世話をすることを忘れてしまいがちです。

人生そのものが、私たちの祈りです。それは、この宇宙への私たちからの贈り物です。いつかこの世界を出ていく時に残る思い出が、私たちの愛する人たちへの遺産となるでしょう。私たちが幸せになり、その喜びを周囲に広めることは、自分や周りの人たちへの義務なのです。

もしユーモアのセンスと、自分は愛であるという理解とともに生きることができれば、すでに一歩先んじていると言えるでしょう。そのような生き方こそ、幸せな人生に必要な方程式です！

あなたが自分のすばらしさを理解し、恐れることなくこの世で自分自身を表現できますように。

ナマステ！

アニータ・ムアジャーニ

10周年記念版のあとがき

二〇一二年三月に『Dying to Be Me』（邦題『喜びから人生を生きる！』ナチュラルスピリット）を出版してから、私の人生は劇的に変化しました。世界中で有名な著者であり、講演者でもあるウエイン・ダイアー博士が、彼の行く先々で、私の経験やこの本について紹介してくれたのです。その上、彼が担当するPBSのテレビ番組に招待してくれ、そこで私は自分の臨死体験について語りました。その後、彼から自分の講演ツアーに定期的に同行してほしいと頼まれ、さらには、当時住んでいた香港からアメリカへ移住してはどうかと勧められました。「君はアメリカで必要とされている。アメリカに住めば、君のメッセージはもっと遠くまで届くだろう。世界中が君を必要としているんだよ！」とウエインはよく言っていました。

ダニーと私は、二〇一四年の半ばにアメリカへ引っ越しすることにしました。ところが私の母が転んで腰の骨を折り、三ヶ月間インドのプーナの家で看病することになったため、二〇一五年一月にようやくアメリカへの移住が実現しました。自宅を構えたのは、大好きな南カリフォルニアです。ウエインの言った通り、アメリカへ引っ越すやいなや、『ドクター・オズ・ショー』や

『アンダーソン・クーパー・スリーシクスティー』『トゥデイ』のようなテレビ番組に出演するチャンスが次々と舞い込んできました。それは、夢にも思わなかったくらいすばらしいものでした。

アメリカへ移住してから七ヶ月経った、八月のことです。ウエイン・ダイアー博士とのオーストラリアでの講演ツアーを終えて、メルボルンのオーランド国際空港でそれぞれの便の出発時刻を待ちながら、私たちはお別れの挨拶をしていました。ウエインと彼の忠実な秘書マヤ（今では私の友人です）、そして彼の娘のセージとスカイはフロリダへ、私とダニーは南カリフォルニアへと帰る予定でした。

「また来月お会いしましょうね！」と私は明るく言いました。私たちは、二週間の地中海クルーズのリトリートへ出発する予定だったのです。私とダニーにとっては初めての船旅だったので、とてもワクワクしていました。しかも、そこで私は、友人でありメンターでもあるウエインと一緒に講演をすることになっていたのです。

ウエインは、まるでこれから起こることをどこかで知っていたかのように、「こっちにおいで」と言いました。そして、両手を大きく広げて私を包み込むと、いつもより強くぎゅっと抱きしめたのです。「とてもいい講演だったよ！　聴衆は君のことが大好きになった。まもなく君は、私なしで講演をするようになるだろう。その準備はもうできているはずだ」彼は、いつにも増して感情を込めて言いました。

その五日後のことです。マヤが、泣きながら電話をかけてきました。

「いったい何があったの?」と尋ねながら、最悪の事態を予測し、私の心は沈みました。

「ウエインが……。彼が逝ってしまったの。昨夜寝ている間に……」

驚きのあまり、全身の力が抜けてしまい、私は近くの椅子に倒れるように座り込みました。彼の死に対して、まったく心の準備はできていませんでした。私たちが一緒にするはずだったイベントはまだたくさんあり、やるべきことも、行くべき場所も数え切れないほど残っていたのです。クルーズも目前でした! 私は親友を失っただけでなく、まるで自転車の補助輪を突然もぎ取られたかのように感じました。それからの数ヶ月間は嵐のように目まぐるしく、私は世界各地で開催されたウエインの追悼会で話をしながら、この出来事による大きなショックをなんとか受け止め、自分一人で進んでいくための努力を続けたのです。

幸いなことに、向こう側の世界でウエインは元気に旅を続けていると、私は知っていました。臨死体験によって、人間は肉体が死んだあとも存在し続け、無条件の愛の空間で愛する人たちに囲まれていると理解していたからです。ウエインが物理的に目の前からいなくなったのは悲しいことでしたが、彼は大丈夫だとわかっていました。けれど、今、私は彼が用意してくれた道を一人で歩き続けなければなりませんでした。すなわち、自分の臨死体験について語り、向こう側の世界で私が何を見て、どんな経験をしたか伝え続けるということです。死ぬことなしに、人々がどうすればこの経験について理解できるか——そして、それによってこの世での生き方をどう変えられるか、説明するのです。私はそれが、自分の使命であると知っていました。そのために、私はこの世に送り返されたのです。私はわかっていました。私の人生にウエインがやってきて、新しい次のレベルへと導いてくれたことは天の采配である、と。

しかしながら、彼が亡くなって独り立ちした最初の数年間は、不思議で驚くようなことがいろいろある一方で、時に困難に直面することもありました。

サインを目にする

ウエインが亡くなった後、最初に気づいたものの一つが数々のサインでした。私は講演会の前にはいつも、ウエインが私に話しかけているのを感じました。それは、彼が亡くなってすぐに開催された追悼会の時から始まりました。

最初の一般公開の追悼会はオーランドで開催され、三千人もの人が集まりました。私はヘイ・ハウス出版の著者の一人として追悼の言葉を述べることになっていたのですが、あまりにも悲しみが大きすぎて、言うべき言葉が見つからない状態でした。そしてあと十分で舞台に上がるという時、急にトイレに行きたくなったのです。場所を教えてもらってトイレに向かいながらも、頭の中では次のような思いがぐるぐる駆け巡っていました。「世界中の何百万人もの人たちを助けてきた男性について、いったい何を言えばいいのだろう？　どんなことを言ったって足りないはずだ。私に彼や彼の人生を正しく評価することなんてできっこない……」

深く考え込んでいたせいか、曲がるところを間違えてしまったようでした。突然、自分が長い廊下にいることに気づきましたが、どこにもトイレは見当たりません。この公会堂のバックステージは通路が迷宮のようになっていました。迷ってしまったのだろうと思い、くるりと向きを変えて別の廊下を歩いて行くと、大きなサインがぶら下がっているドアの前に行き当たりました。見ると、なんとそこには「ただありのままの自分でいなさい！」と書いてあったのです。それは、まさにその時、私に必要だったメッセージでした。「ウエイン、ありがとう！」と、私は思わず叫びそうになりました。

案の定、そのドアを通り過ぎるとすぐにトイレが見つかりました。もし教えてもらった通りに迷わず近道を行っていたら、そのサインを目にすることはなかったでしょう。

それからまもない日のことです。臨死体験やあの世についての催しで、話をする機会がありました。そこにいた聴衆の多くは、最近ウエインが亡くなったということをまだ知りませんでした。

話を終えて部屋へ戻ろうと中庭を歩いていた時、近寄ってきた一人の女性に、少しだけお話をしたいと言われました。彼女は、自分はサイキックで透視能力があると言い、私がステージで話をしていた時ずっと、私の肩に片手を置いて立っている男性の霊が背後に見えていたと告げました。さらに、背が高く、おそらく七十代くらいのその男性の存在に気づいていたかと聞いてきたので、気づいていなかったと答えると、彼女は不思議そうな顔をしました。どうやら私は、彼に言われた通りのことを話していたようなのです。

それを聞いた私は最初、私の守護天使か、亡くなった家族の一人かもしれないと思い、「私の父かもしれないわ」と言いました。

「いいえ、彼は白人で、背が高く、頭の禿げた男性です。あなたのことを誇りに思っているようでした。あなたが気づいていようといまいと、間違いなくあなたの頭の中にアイディアや考えを吹き込んでいましたよ」と彼女は言い、さらに「亡くなった人は、あなたが覚えている最後の姿で現れます」と続けました。

「ああ、それはウエイン・ダイアー博士に違いないわ！」と私は言いました。

それを聞くと、彼女は驚いたように「でも、彼はまだご存命でしょう？」と言いました。

そこで数週間前に彼が亡くなったことを告げると、彼女は非常にショックを受けたようでした。私たちはしばらくウエインのことを話し、私はとても幸せな気分でその場を立ち去りました。彼が今もそばにいて導いてくれている！ そう確信できたのです。私は自分がすべきことをしていると知って、深い安堵感を得ました。すべきこととはつまり、自分の体験と向こう側の世界で学んだことについて話す、ということです。

数ヶ月後、私はコロラド州のレイクウッドにあるマイル・ハイ教会で話をすることになっていました。ウエインがまだ生きていた頃、彼は教会の人たちに私のことを話し、ぜひ招待してほしいと言っていたのです。そして私には、彼らから誘いがあったら、喜んで引き受けなさいと勧めていました。

私がそこで話す日がやってきた時、ウエインはすでに向こう側の世界へ行ってしまっているだなんて、知る由もありませんでした。

コロラド州のデンバー国際空港に到着すると、教会からウェンディという女性が出迎えてくれました。ホテルに向かいながら彼女が話してくれたことによれば、ウエインはこの十二年間、少なくとも年に一度、時にはそれ以上、この教会で話をしていたのでした。彼がやってくる時にはいつも彼女が空港に迎えに行き、車の中で人生やスピリチュアリティについて話をしながら、私と同じホテルへ向かったそうです。私たちはウエインに想いを馳せ、彼がこの世にもういない寂しさをしみじみと共有しました。

ホテルに到着し、私はチェックインを済ませ、部屋へと向かいました。ところがその部屋に足を踏み入れた瞬間、自分の目を疑いました。なんと、浴室の床にはタオルが放り投げられ、ベッドのシーツはぐちゃぐちゃだったのです。前のお客が出ていってから、清掃されていないことが明らかでした。フロントに電話をすると、すぐにホテルの従業員がやってきました。彼は部屋をひと目見て、何度も謝罪しながら、ひとまずホテルのレストランでお茶を飲みながら待っていてほしいと言いました。その間に事情を確認し、新しい部屋を用意するということでした。

私が座ってコーヒーを飲んでいると、上品なスーツを着た女性がやってきて、「お部屋がご用意できました」と言いました。手違いのお詫びに、彼らはエグゼクティブスイートへアップグレードしてくれました。清掃員の勤務表には部屋の清掃は終了したとあり、どうしてこのような事態になったのかはわからなかったそうです。

案内されたのは最上階のスイートルームで、街の全景が見渡せるすばらしい部屋でした。大きなバスルームには浴槽もありました。私はワクワクして、すぐにこう思いました。「部屋がぐちゃぐちゃだったのは、ウエインのしわざに違いないわ。この素敵な部屋に私が滞在できるようにしてくれたんだ。彼は私がここで話をすることを本当に望んでいたから、自分が今も私のお世話をしているって、こうして知らせようとしているんだわ」と。

翌日、ウェンディがホテルに迎えに来てくれた時、私はすぐにこの出来事について話しました。すると、私が最上階の角部屋のスイートを割り当ててもらったと知るなり、彼女は驚いたようにこう言ったのです。「その部屋は、ウエインが来る時にいつも用意していた部屋ですよ！」

それから何年もの間、向こう側でウエインが生き続けていることを証明するような、似た出来事をたくさん経験しました。それはまるで、臨死体験中に私が経験したことは間違いない、真実だと知ってほしいと、ウエインが望んでいるように感じられました。

ウエインが亡くなって二週間後、ミレーナという女性からメールを受け取りました。彼女はウエインの親しい友人だと言い、私と彼の友情を知っていて、彼の死というつらい状況を心配して連絡をくれたのでした。ミレーナはエネルギーヒーラーで、そのセッションはもちろんのこと、自分にできることがあればどんな助けでも提供したいと申し出てくれました。私はなんとなく、ウエインが彼女とのやりとりを勧めているように感じました。そこで、すぐに返信をし、彼女を我が家に招くことにしました。すばらしいヒーリングを受けたあと、一緒にランチをしていた時、彼女は私に連絡をするようにつつかれた感じがしたことを打ち明けてくれました。それに、今回のように見知らぬ人に連絡したのは初めてのことだった、と。ミレーナは、二人が出会うことを願って、連絡を取るようにと告げるウエインの声を実際に聞いた気がしていたのでした。

私たちは、これから連絡を取り合おうと約束しました。そしてその週の後半、私は苦手分野であるSNSの仕事をしていた時、急にミレーナに助けを求めたい気持ちに駆られました。そこで、「ひょっとして、誰かSNSに詳しい人を知りませんか？」と書いたのです。

するとすぐに、「もう探す必要はありません。ぜひ私にさせてください！」という返事が返ってきました。

翌週、新しい仕事についての打ち合わせで我が家にやってきた時、ミレーナは一枚の写真を見せてくれました。それは、前の週に我が家から帰る際に撮ったものでした。我が家は海に面しているのですが、驚いたことに、その写真にうつる波の中にはっきりとウエインの顔が見て取れたのです！　驚いたのはそれだけでなく、その写真のタイムスタンプは"3:33"でした。ヘイ・ハウス出版の著者の一人でスピリチュアルティーチャーのカイル・グレイは、"333"という数字についてこう語っています。「数秘学で、"333"は〝マスターティーチャー〟の数字です。"3:33"や"333"が現れたら、あなたはすばらしいリーダーであるだけでなく、すでに亡くなったリーダーや教師があなたを応援しているということです〔注1〕」私とミレーナは、この"3:33"という時間をウエインからのサインとして受け取ったのです！

数字に関する私たちのシンクロニシティは、これだけではありません。ウエインは、ほぼ毎朝三時十三分に自然に目が覚めるとよく言っていました。ミレーナは、私のSNSで"313"という数字をよく見かけると教えてくれました。たとえば訪問者数、「いいね」の数、タイムスタンプなどに、"313"が何度も現れていたのです。

ウエインがよく話していた、子ども時代の学校でのエピソードがあります。それは、彼の担任がウエインのことを"disturbing element（ディスタービング・エレメント／厄介な子ども）"だと校長に報告したというものです。ウエインはそれを、"scurvy elephant（スカービー・エレファント／現状をぶっ潰したがる象）"と聞き違えたのです。その話を聞いた彼のファンは、愛情を込めて彼を"scurvy elephant（スカービー・エレファント）"と呼ぶようになりました。そういうわけで私は、意外な場所で象を見ると、それをウエインからのサインだととらえています。

私たちが特定のシンボルを愛する人たちからのサインだと決めると、向こう側の世界にいる彼らは対話する際にそのサインをより一層使うようになる、ということに私は気づきました。こうして私たちは、彼らが使える言語を生み出しているのです。私がウエインのために用意したシンボルは、"313"という数字とオオカバマダラの蝶（私が助けを必要としている時によく現れます）と象でした。

ミレーナはすでに六年間、私のＳＮＳを担当してくれていますが、ある旅の最中に、落書きで埋め尽くされた壁の前で私の写真を撮ってくれたことがあります。彼女はその時、"Good Luck Buddha（グッドラックブッダ）"と書かれた仏陀の絵の下に立つように言いました。ずっと後になってその写真を見直すと、その壁にはなんと、「光でありなさい！」という言葉とともに、巨大な象の絵も描かれているではありませんか。象の絵が巨大すぎて、写真を撮った時にはまったく気づかず、二人ともそれは単に壁の背景色だと思っていたのです！　実はウエインが亡くなる約一年前、彼はすべてのイベントで、インディア・アリーの『I Am Light（私は光）』という曲をかけていました。ですから私たちは、この発見に大きな喜びと驚きを感じざるを得なかったのです。

このように、独り立ちしてからも、私はウエインの存在によってずっと守られているのを強く感じていました。ただ、こうした不思議な体験にそこかしこで巡りあう一方で、私の仕事が大きくなっていくとともに数々の難題も現れてきたのです。

共感疲労

一人で仕事をするようになり、私は疲れを感じることが多くなりましたが、それがなぜなのかわかりませんでした。私は自分の仕事が大好きだったからです。旅することも講演も、人々を助けることもすべてです。ですから、自分がなぜこれほどまでに疲れ果て、心身ともに消耗しているのかまったくわかりませんでした。でも、二冊目の著書『What If This Is Heaven?』(邦題『もしここが天国だったら?』ナチュラルスピリット)の出版後、疲れは特にひどくなっていきました。そして二〇一六年、講演会のような人前に出る仕事は少しお休みにすると報告した時、「あなたはエンパスだと思うので、それについて調べてみたほうがいいと思います」という手紙を受け取ったのです。

エンパスについて読んだことはあったものの、私はさほど興味を引かれていませんでした――二〇一七年に、コスタリカでシャーマンの儀式に参加するまでは。そこで私は一人だけ選ばれて、「あなたは他の人たちと違います」と言われました。そして、私には特別の目的があるけれど、他人や世の中の問題が私のエネルギーを低くしてしまったと指摘されたのです。シャーマンは続けてこう言いました。「以前あなたが重い病気になったのは、他のすべての人のエネルギーを吸収してしまったからです。あなたの病気はあなたの目的を実現するために癒されました。あなたは自分が今もまだ、他人のエネルギーを受け取ってしまう傾向を持っていると知る必要があります。それをやめないかぎり、また病気になってしまうでしょう」

この時ばかりは、私はその言葉に真剣に耳を傾けました。エンパスについてしっかり学ぼうと決心し、このテーマの本を読み漁り、記事や研究論文を調べ、エンパス診断テストまで受けてみました（三十五個のチェックリストのうち、三十四個も当てはまりました！）。このような情報を得ることで私は安堵し、自分自身についてもっと深く理解することができました。物事がよりクリアになったのです。自分の仕事を続けるために、私は自らのエンパスの性質を受け入れ、それと共存することを学ぶ必要があると知りました。

ジュディス・オルロフ博士は『ＬＡの人気精神科医が教える共感力が高すぎて疲れてしまうがなくなる本』（ＳＢクリエイティブ）で、エンパスのことを〝極端に敏感な神経系〟を持つ人と記述しています。そして、次のように言っています。「私たちエンパスは、他の人が刺激を遮断するのに使っているようなフィルターを持っていません。結果としてエンパスは、周囲のポジティブなエネルギーも、ストレスの多いエネルギーもすべて吸収してしまうのです〔注2〕これらのエネルギーは、感情的なものかもしれませんし、身体的なものかもしれません。その両方の可能性もあります。私たちはこうしたエネルギーを、まるで自分自身が経験しているかのように、自分の身体で感じてしまいます。言い換えれば、エンパスは他人の感情を自分のものにしてしまうのです。

エンパスは非常に感受性が強い人（ＨＳＰ）として知られるグループに含まれ、高感度な神経系を持っています。周囲の些細な変化に気づき、それに圧倒されやすいＨＳＰの人たちは、全人口のおよそ二十パーセントだと考えられています〔注3〕。そのうちの、とても直感的であるエンパスの人たちは、そうしたエネルギーを感じるだけでなく吸収します。エンパスは全人口の一パーセントないし二パーセントしかいないと考えられていますが〔注4〕、この割合はもっと高いのではないかと私は思っています。繊細すぎることは弱さだと考えられているので、自分の持つその性質から目を背けたり、否定したりしている人がたくさんいるに違いないからです。

私は講演会の際に、自分がエンパスだと思っている人がどれくらいいるかを調べるために、参加者に挙手してもらうことにしました。すると、驚いたことに、かなりの人たちが手を挙げました。私は次に、エンパスという言葉の意味を知らないという人に挙手してもらい、それからジュディス・オルロフ博士の本の例を紹介しながら、その意味を説明しました。その時、彼らの顔がパッと明るくなるのが見て取れました。そこであらためて、自分をエンパスだと思う人はどれくらいいるかと尋ねると、今度はおよそ九割の人たちが手を挙げたのです。私はすぐに、エンパスが私の本や講演に引き寄せられることを理解しました。

エンパスであるということや、自分のニーズよりも他人の問題や感情を優先させてしまうという その傾向について説明をするようになると、それに共感した世界中の人々から手紙やメールがたくさん届きました。そこで私は、彼らに自分と同じ経験をしてほしくないという思いから、エンパスについてもっと話していくことにしました。エンパスであるとはどういうことかを教えて、過剰に与えすぎる傾向があることをみんなに理解してほしかったからです。

「あなたはラベルづけをしないと言いましたが、エンパスはラベルではありませんか？」と言う人がいます。これに対して、私は次のように答えています。もしそれがあなたを箱に閉じ込め、窮屈にするようなら、それはラベルです。でも、もしあなたを解放し、より自分のことを理解する助けになるのであれば、それは役に立つ表現だと言えるでしょう。

エンパスは共感しすぎてしまうことによる疲労や、ケアしている相手の苦痛を吸収してしまうことにしょっちゅう悩まされています。これは、エンパスやＨＳＰの人が多い介護職ではごく一般的なことです。燃え尽き症候群の場合はその兆候の出現にも回復にも時間がかかりますが、共感疲労は現れてはすぐに消えてしまいます。とはいえ、もし職場の人やスーパーですれ違う人、隣人や小説の登場人物などの感情をいつも拾っているとしたら、倦怠感が常につきまとうことでしょう。

エンパスは生まれつき与えるのが大好きです。他人の気分をよくしてあげる傾向は、自分自身の気分をよくするというニーズによってさらに強まります。それは理にかなっています。もしあなたが他人の感情的、あるいは身体的苦痛を感じるとしたら、あなたは自分の痛みを和らげるために、その人に楽になってもらう必要があるからです。私たちは、他人の気分がよくなるように尽力しながら、彼らの苦痛のエネルギーを自分の体内に吸収しています。それによって共感疲労や燃え尽き症候群が引き起こされ、ひどい場合は病気になってしまうのです。

私のところへやってくる人たちは、たいてい何らかの病気を抱え、それと向き合っています。私は他人事とは思えず、彼らの痛みや苦しみを取り除きたいという思いでいっぱいになりますが、それは私にはできません。私は共感や思いやりをもって彼らのそばにいることと、彼らの痛みや恐れ、病気を自分のものとして引き受けることの区別を学ぶ必要がありました。もしこの仕事を続けるのであれば、燃え尽き症候群や共感疲労に陥らないためのツールを作ることに意識を向けなければならない、そうわかったのです。そうすれば、同じように共感疲労、孤立感、与えすぎを経験している何千人もの読者や講演会の参加者たちに、そのツールを提供できるでしょう。私はこれまでの自分の人生を遡りながら、さらに深く探究することにしました。

エンパスはスポンジのよう

エンパスであるとはどういうことか、物事を自分の身体で感じるとはどういうことなのか、実例を挙げて説明しましょう。私は成長過程において、自分がスポンジのように他人のエネルギーを吸収していることに気づいていませんでした。おそらく、この本の読者の多くが同じようにしてきたはずです。だからこそ、ここで私自身の経験をシェアすることが必要だと思いました。

ある夜、私は両親と兄と一緒に映画を見ていました。映画のタイトルは思い出せませんが、一人の女性が車に乗り込んで、シートベルトを締めずに出発し、衝突事故を起こしてしまうのです。彼女の身体はフロントガラスを突き破って外に投げ出され、その衝撃で顔は傷だらけでした。すぐに救急車がやってきて病院へと搬送され、なんとか一命は取り留めたものの、彼女は頭をすっぽり包帯で巻かれ、その包帯が取れた時の自分の姿を想像しながらおびえていました。医師たちは、非常に深刻な状況で、かなりの回数の手術が必要になるだろうと告げました。それを見ていた私は彼女の状況に身震いし、彼女のショックや悲しみ、痛みを自分のものとして経験し始めました。挙げ句の果てに、めまいを起こして、意識を失ってしまったのです。

意識が戻ると、目の前に家族がいて、ものすごく心配そうにしていました。母はすぐに台所へ走り、意識を回復させるための気付け薬と、血糖値を上げるためのスプーン一杯の蜂蜜を持ってきました。家族の誰一人として、私が気絶したのは映画のせいだと思わなかったのです。私たちエンパスは、架空の作り話の中でも自分を見失いがちです。登場人物に起こっていることを、実際に自分に起こっていることのように感じてしまうのです。私たちの脳は、それが現実のものではないことを理解できません。エンパスの特質について学ぶまで、私は自分が気絶した理由をわかっていませんでした。それは、画面に映る女性に共感しすぎてしまったからだったのです。彼女は演技をしていただけなのに！

もう一つの例を紹介しましょう。私のチームの一人であるミシュリンは、子どもの頃から皮膚炎に悩まされていました。発疹はいつも両耳の裏に現れ、ストレスを感じるとひどくなるので、彼女はストレスを溜め込まないように注意していたそうです。新型コロナウイルス感染症によるパンデミックの最初の年のある日のこと、彼女の発疹を知っている隣人が、自分自身のひどい皮膚炎について相談に乗ってほしいと、アドバイスを求めて訪ねてきました。

ここからは、ミシュリン本人に語ってもらいましょう。

＊　＊　＊

（ミシュリンの話）

教頭先生をしているその隣人が家にやってきた時、私は管理職の大変さや、オンライン授業と対面授業の両立によるストレスはないかと尋ねました。おそらく大変だろうとわかっていました。すると、彼女は両腕の袖をまくりあげて、ひどい発疹を見せたのです。発疹は両手の甲から腕全体へと広がり、真っ赤に腫れてかさぶたで覆われ、とてもかゆそうでした。私の質問への答えは明らかでした。つまり、仕事はうまくいっていなかったのです。

彼女は、ストレスで皮膚の状態がますます悪化していると言いました。学校に子どもたちがいなくなったこと、さらに、日々多くの時間を注いでいた大好きな人たちとのやりとりがなくなったことが、手の甲や腕のかゆみ、痛みに大きく影響していると言います。私は、自分にも生まれつき頭皮の発疹があり、子どもの頃から断続的にずっとその症状と闘ってきたことを伝えました。それはいつもストレスによって出現していたので、彼女の状況がよく理解できたのです。私たちは、その原因となるストレスを軽減する方法や、かゆみや痛みを和らげるぬり薬について話をしました。私は彼女の不快感を、まるで自分のことのように感じていました。

翌朝、身支度をしていた時、私は右手の甲に引っ掻き傷があることに気づきました。小さな腫れ物がいくつかあり、赤くなっていてかゆみもありました。それは皮膚炎が起こる合図だとわかりました。そして、隣人の問題に共感してそれを吸収してしまった、と悟りました。彼女を気の毒に思う気持ちが強すぎて、彼女の皮膚炎を内在化させてしまい、それが私の手に湿疹として現れたのです。これまでの発疹は頭や耳の後ろだけで、手の甲というのは初めてでした。

私はすぐに椅子に腰掛け、いくつかの瞑想的なエネルギーワークを行いました。そして、隣人を愛するのはいいけれど、彼女の問題を引き受ける必要はない、と自分自身に言い聞かせました。翌日、発疹の九割はなくなっており、その次の日には完全に消えていました。私は自分がエンパスであることを思い出させてくれた、私の魂に感謝しています。私は人々を愛していますが、彼らが解決法を見つけるのを助けようとして、彼らの問題を自らが抱え込んでしまう必要はないと教えてくれたのですから。

＊＊＊

エンパスは感情的、身体的、霊的なエネルギーを自分の体内に吸収して処理します。ですから、この特別な能力を私のように災難の種にしてしまわないよう、ツールを開発する必要があります。向こう側の世界にいた時、私は自分が抱いたあらゆる思考、自分がしたすべての決断や選択が私の病気を招いたのだと理解しました。親友のソニが癌と診断されたことは、私にとってものすごいショックでした。私はまるで自分のことのように、彼女のショックや死への恐怖を感じることができました。でも、当時は自分がエンパスだと知らなかったので、自分自身を守るための予防策を何も講じなかったのです。私は「どうしたら彼女の気分を少しでもよくしてあげられるだろうか?」ということしか考えられませんでした。そして、彼女のためにできるあらゆることをし、自分のニーズやケアは後回しにしたのです。

私が癌におびえ、いかに恐怖感を抱いていたかについては、本書の前半ですでにお話ししました。私は癌の治療を恐れていました。ソニが化学療法を受けて苦しむ様子を、目の当たりにしていたからです。その恐怖のトンネルの中へと、深く深く入り込んでいくように感じました。そしてその先に待ち構えていたのが、私自身の癌の診断だったのです。

興味深いのは、ものすごい恐怖感を抱きながらも、「ああ、これで自分のケアをする理由ができた」と安堵している自分がいたことです。言い換えるなら、私にはソニの苦しみや健康、病気のことではなく、自分自身の健康や幸せに意識を向けてもよい、と思えるだけの大きな理由が必要でした。自分が癌の診断を受けたことで、ようやく私はずっとソニと一緒にい続けることから解放されました。「私はもっと健康になるために、自分の時間を取る必要がある。自分のためにそうする必要がある」と言える理由を得たからです。そうして徐々に、私は彼女の苦しみや痛みから自分自身を解放していくことができたのですが、自分が癌と診断されるまではそれができませんでした。

まず自分自身のケアをする

上司やクライアントや同僚をがっかりさせないために、自分がへとへとになるまで仕事をし、結果として体調不良に陥り、ようやく罪悪感なしに休みを取ることができる――そんな人はいませんか。あるいは、自分のことは後回しにして、他人が必要なものを得られるように走り回っている人はいないでしょうか。もしあなたがエンパスなら、どうか、自分のケアをする口実として病気が必要だ、というところまで到達してしまうことのないようにしてください。私はエンパスが、自分で自分の病気を引き起こしていると言っているのではありません。私が病気だった時、自分がそれを〝引き寄せた〟のだと言う人たちがいました。ですが、病気になったとしても、それは自分のせいではありません。被害者である自分自身を責めてはいけません。ただ、私たちはその傾向に気づき、自分自身のケアをする必要があります。そうすれば、自分の心身の健康を維持することができ、私のように病気にならなくて済むでしょう。

私は、友人に元気でいてほしいという気持ちを大切にするあまり、自分が本当に必要としているものを無視してしまいました。外に出て太陽を浴びたい、という自分の声を押し殺したのです。本当の私は、自由になりたいと願っていました。そして、自分の喜びや情熱を見つけに行き、他の人たちの気持ちを高める光になりたいと思っていました。親友のそばにいてあげたいとは思いましたが、来る日も来る日も彼女のそばで苦しんでいたいわけではなかったのです。それは私にとって——あるいは、彼女にとっても——何の役にも立ちませんでした。私自身が苦しんでいたなら、彼女の苦しみを受け入れる余裕などなかったはずです。

本当の自分でいるために病気のような口実を必要とすればするほど、あなたの身体は治癒の動機を失っていき、病気は一層長引くでしょう。身体には知恵があり、「もし病気が治れば、また自分を犠牲にしてでも他人を喜ばせようとするだろう」と知っているのです。そうならないように、本当のあなたになることを自分自身に許してください。本当の自分を生きたいという願いによって、病気を治してください。自分に問いましょう。「もし健康であるというお墨付きを今もらったなら、私は何をしたいだろうか？」そして、実際にそのことに着手し、あなたの人生を祝うことを始めるのです。私は癌で死んで初めて、自分自身であること、自分を愛すること、自分の情熱に従うこと、本当の自分は何者であるかを発見することの大切さを学びました。それまで自分の喜びやすばらしさ、自分への敬意を遠ざけていたということに、初めて気づいたのです。それは、そのような感情や思考は自分勝手でわがままなものだと考えていたからでした。しかし、実はそうではありません。他人が苦しんでいる時でさえ、自分自身を愛することは、私たちが生まれながらに持つ権利なのです。

その理由は、私たちが神、宇宙、あるいは源——あなたがしっくりくる言葉でかまいません

――の一つの表現だからです。あなたも、私もです。私たちのすべてがそうなのです。自分自身を愛していない時、私たちは、私たちを通して神が自らを表現するのを拒否しています。自分には使命や情熱や目的があり、私たちは本当の自分になるためにこの世へやってきたのだと理解していない時も同様です。

ウエインがまだ存命中、私は人前で講演するという新しい人生について、よく彼にアドバイスを求めたものでした。ある時、ＳＮＳでひどいレビューやネガティブなコメントを見つけてとても落ち込んだ私は、ウエインに電話をして、彼自身はそうした状況にどう対処しているのか尋ねました。彼は、世間の注目を浴びている時、それは避けられないと言いました。もし新しい考え方へと人々を導きたいと思っているなら、なおさらだと。「いいかい、次の二つのことを覚えていなさい」と彼は言いました。「一つ目は、もし君の言うことが波風を立てているとしたら、それはよいことだということ。そして、そのことに脅かされている人たちが必ずいるだろう。二つ目は、主流とされるものに反することを勇気を出して言ってくれる人に対して、感謝している人たちもいるということだ。そのような人たちこそが、君が意識を向けるべき人たちなんだよ」ウエインは、私が話していることは挑発的な内容であり、自分はヒーロー、つまり、そうする勇気を持たない人たちのために声を上げようとしている英雄なんだと思うように、私に勧めてくれました。

エンパスは批判にものすごく敏感だと理解した今でも（「棒や石は骨を折るかもしれないが、言葉は決して私を傷つけない」という諺は私たちにとって、真実ではないのです）、ウエインからもらったこのアドバイスには助けられています。

向こう側の世界にいた時、私は自分の思考や決断がいかに病院のベッドで死にかけている状態へと導いたのかを理解しました。自分の感情が肉体に影響を与えることを知らなかったために、その事態を招いてしまったのだとわかったのです。自分がエンパスというもので、容易に外部のものを吸収してしまっていただなんて、思いもよりませんでした。私はそれを理解するどころか、何も知らなかったのです。誰も私にそれを教えてはくれませんでした。だからこそ私は、それをエンパスの人たち――あなた――に教えることを自分の使命にしました。このことを知ることがいかに重要かを伝えるのです。そうすれば、知らないせいで病気になってしまう必要もありません。私と同じような経験をあなたにはしてほしくないので、エンパスであるとはどういうことか、私自身が理解する過程で学んだいくつかの重要な実践をここでお伝えしたいと思います。

まず、エンパスである自分自身をケアするための三つのステップを紹介しましょう。

1　手放すこと。ありのままの自分でいるには、不必要なものを手放す必要があります。自分の人生のある側面を変えようとしている時、私たちはつい何かを始めようとしがちです。本を買う、講座に申し込む、自分が恐れていることを毎日五つずつする、といった具合に。そうではなく、まずスペースを作る必要があります。つまり、もはや役に立たなくなったものを手放すということです。出かけて行って外に解決策を探すのではなく、立ち止まって静かに内に向かう時間を取れば、自分にやってくる解決策を受け取るためのスペースができるでしょう。私たちが朝から晩までさらされている、主流メディアやSNSからの情報を制限することも、スペースを生み出す助けとなります。少なくとも一日か二日、テクノロジーから離れてみてください。

2

自分をどれくらい愛するかによって人生が決まる、そのように自分自身を愛してください。なぜなら、それが真実だからです。あなたがイエスと言っている一つひとつのことについて、「このイベント／思考／人物は、私の気持ちを明るくしてくれるだろうか、それとも気分を重くするだろうか？」と自問しましょう。

3

直感を磨いてください。いらないものを手放すと、あなたの純粋な本質が現れてきます。自己愛のためのスペースが生まれ、自然に直感が磨かれるでしょう。すると、より高い次元の情報を受け取りやすくなり、死なずして、私が死んだ時に体験したすばらしさを体験できるはずです。

手放すこと

健康面や金銭面、アイデンティティなどに関する危機が訪れた時、ほとんどの人はこのように考えます。「次に何をすべきだろうか？　何をもっと学ぶ必要があるだろうか？」しかし、そうして行動すればするほど、ますます恐れの雲を厚くすることになります。その雲は、これまでの人生で積み重ねてきたものです。その雲が、私たちの源からやってくる直感につながることを妨げているのです。あり方よりも行動を重視している時、つまり、もっと付け加え、もっとたくさん行動し、一生懸命自分ではない何かになろうと努力している時、私たちは実のところ、自分を愛する力や自分の直感を磨く力からどんどん遠ざかっているのです。そのようなことはすべきではありません。

まず最初にすべきなのは、いらないものを手放すことです。手放せば手放すほど、本当のあなたが輝き出し、ただありのままでいることができるでしょう。自分の内側に、これまでとは違う健やかさの感覚を得るはずです。痛みを麻痺させるために作り出してきた習慣——中毒、有害な行為や関係性――を手放し始めると、明晰さや直感がやってきます。そこで、物事が好転し始めるのです。

私は自分の生徒たちに、手放したいことを七つ書き出してそれを実行するように、とよく言っています。時々そのリストを微調整し、もっと気にする必要があるものを付け加えたり、本当に手放せたものを置き換えたりしてください。もちろん、完全に取り除くのが難しい習慣やパターンもあるでしょう。そういったものについて、あなたは大幅に減らすことを目指すかもしれません。でも、知っておいてください。多くの場合、完全にやめるのではなく減らすという選択は、悪い結果をもたらしかねないのです。もしあなたのリストにアルコール依存症やギャンブル依存症が含まれているなら、減らすよりも、きっぱりやめるほうがより健康的です（必要であれば、医療の専門家やサポートグループの助けを借りてください）。電源をオフにする時間を増やしたいけれど、仕事でパソコンを使っている、ということならば、余暇の時間に実践してください。「自分の役割をまっとうするのに必要な時以外、パソコンを使う必要性を手放します」と自分に言うのもよいでしょう。

自分の人生からがらくたを取り除くと、あなたのエネルギーは実際に軽くなっていきます。これは、私自身が経験したことです。あなたにお願いしていることはすべて、私自身がやってきたことばかりです。自分がのめり込んでいたもの、自分を縛っていると思い込んでいたものを取り除いた時、私は自分の直感がものすごく鋭くなったことに気づきました。きっと、あなたにも同じことが起こるでしょう。マインドが開いて、自分にやってくるどんな奇跡でも受け入れ、フィルター越しの世界をはるかに凌駕したものを見る準備がより整っているはずです。あなたを縛っているこうした不要ながらくたの数々が、あなたを取り囲んでいる雲を厚くしています。今ここでしようとしているのは、何層にもなったその雲がすっかり消えてしまうまで追い払うということです。これが、私があなたにぜひやってほしいことです。もしうまくできなくても、心配しないでください。自分を恥じることはありません。もしパートナーや友達と一緒に取り組んでいて、彼らが失敗したとしても、決して責めないように。新たな気持ちを持ってやり続けられるように、ただ励まし、手助けしてあげましょう。

私は自分の人生に役立っていないものを取り除くために、さまざまなエクササイズを行いました。極度な疲れを感じるようになったので、日々の食生活から砂糖、カフェイン、グルテンを取り除きました。さらに、iPhoneのゲーム『キャンディークラッシュ』もやめることにしました。それには空港の待ち時間や飛行中にゲームをしたくならないように、アプリを消してしまわなければなりませんでした。その時間を、自分の魂をもっと豊かにするものに費やしたかったのです。今は、携帯を取り出して『キャンディークラッシュ』をしたくなるたびに、簡単なストレッチや軽い散歩をするようにしています。読書の習慣も変えました。それまで電子書籍を読んでいましたが、気が散ることが多く、ついメールのチェックやゲームをしがちでした。そのため電子書籍はやめて、従来の紙の本に戻ったのです。本のページをめくったり、綺麗なしおりを使ったり、行間にメモしたりすることに今は喜びを感じています。

時間とともに、体調がよくなるのがわかってきて、気分もずっとよくなりました。手放すことで明晰さが増したおかげで、自分がまだノーと言えない問題を抱えていることもわかりました。〝他人を喜ばせるニーズ〟は今でも、私が手放すべきことのリストに残っているものの一つです。

自分をどれくらい愛するかによって人生が決まるかのように、自分自身を愛する

自分の中にある何かを完全に手放したと思った時、あたかも宇宙が、その習慣が本当になくなったかを見極めようとして、さらに大きな難題を与えてきているように思えることがあるかもしれません。その時こそ、自分を愛することをもっと学べるチャンスです。

恐れによって生み出された層を剥がしていくと、自己愛が輝き始めます。自己愛は自分本位のわがままなものではなく、うぬぼれでもありません。実のところ自己愛は、自分自身や他のすべての人のためにあなたができる、最も無私無欲なことです。人生にがらくたが少なくて、義務感

や他人を失望させたくないという思い、または失敗への恐れから何かをするということに取り憑かれていない時、私たちは自分への愛をより深く感じることができます。自分を愛しているというのは最もすばらしい状態であり、紛れもなく自分自身への最善の贈り物です。あなたは明るさとより大きな明晰さを得て、恐れや不安やストレスが減った、あるいはなくなったのを感じることでしょう。自己愛は宇宙への信頼、自分の身体が持っている力への信頼を高めてくれます。あらゆるレベルにおいて身体には癒す力、成長する力があることを、あなたはもっと信じられるようになるのです。

臨死体験から生還して新たな人生を生き始めた時、私は他人の言いなりになる傾向や、ノーと言うことへの嫌悪感を克服できたと思いました。私は最高ヴァージョンの自分になり、今度こそ思い切り自分の人生を生きるつもりだったのです。でもその後、もっと大きな課題が次々と現れ始めました。その多くはチャンスという形をとったものでした。私を含む多くの人にとっては、本当に同意したくない場合でさえノーと言うことは難しいのですから、そのオファーがすばらしいチャンスである場合はなおさらです。「ああ、これはすばらしいチャンスだ。一刻も早く引き受けなければ」と私たちは考えます。宇宙からの贈り物だと感じられるものを否定したくないからです。

しかし、私は次のようなことを学びました。心から自分自身を愛している時、あなたは少しずつ成長します。そして、成長の新たなレベルに到達すると、すばらしいチャンスが自然と流れ込んできます。「これはすばらしい。私は自分のことを愛している。すべてにイエスと言おう」とあなたは思います。その後、まだ到達すべき段階が残っていたことに気づくのです。というのも、あまりに多くを抱えすぎれば、よいことさえも重荷になることがあるからです。

成長を重ねながら、あなたはこのような課題に何度も繰り返し直面します。けれど、あなたはそれをより素早く認識し、自分の役に立たないものにはノーと言って、鋭くなりつつある直感に波長を合わせるようになるでしょう。私の場合、あまりにも多く旅をしすぎ、あまりにもたくさんのことにイエスと言っていたとわかりました。どれも面白そうに感じられ、心からやりたいと思ったことでした。でも、そのようなチャンスがどんどん積み重なっていった時、静かに自分と向き合ったり、物事を深く考えたり、自然の中に出かけたり、友人と過ごしたりする時間がなくなってしまったのです。私はへとへとになっている自分に気づきました。そして、こう思い始めました。「なんてことだろう。これは絶対に、ノーと言い始めないといけない。どうしたらノーと言えるのだろう？」

断るには惜しい、と思うようなチャンスに私が初めてノーと言った時、相手は気分を害して「でも、あなたはあの人／あの団体から頼まれたイベント／番組／ポッドキャストへの出演を引き受けたでしょう。なのに、どうして私からのオファーは断るのですか？」と言いました。そこで私はもちろんすぐに自分の意見を撤回し、「ああ、そうですよね、本当にすみません。あなたのお仕事もお引き受けします」と言ったのです。そして、ノーと言うことを正当化するだけのために、ノーと言えるようなオファーを探そうと躍起になりました。でも案の定、そこでも同じことを言われました。「えっ、でもあなたはこれこれをしていますよね……」私は人の言いなりになる罠に再びとらわれて、いつもイエスと言いながら、疲労困憊していったのです。

このような新しいレベルの愛や成長における課題は、取り組み始めた頃のものとは違うように思えるかもしれません。ですが、もっとじっくり見てみてください。実はその課題、あるいはテストの本質は同じです。違う衣をまとっているだけなのです！　私の場合、課題は〝チャンス〟という変装をしていました。

でも、ここでよいお知らせがあります。あなたはスタート地点に戻ってしまったわけではありません。ずっと進んだところにいるのです。この新しいレベルでのつまずきは単に、もっと自分自身を愛し敬う余地、成長の余地があるということを示唆するものです。私にとって、イエスと言って自分の境界線を無視することは、愛というより高いレベルからではなく、まだ物質的な低いレベルから動いているということを意味していました。ぎっしり詰まったスケジュールで押し潰されそうになった状態は、私を自己愛に近づけるのではなく、そこから遠ざけてしまうものでした。

最も高次の真の自己愛とは、宇宙を、そして自分のハイヤーセルフを心から信頼しているということです。人の言うなりになって、ノーと言うのを退けるという問題は、私にとってとりわけ厄介なものでした。あなたにも、特有の問題があるはずです。それは避けようがありません。ですから、もしそれがやってきてもただ前進し、自分を愛し続けてください。そうすれば、あなた自身のケアを最優先できる境地、もっとたくさんのチャンスが自分を待っているとわかる境地に必ず到達できるでしょう。

自己愛はその本質において、あなたが神のチャネルとなり、自らを通して神を表現することを許しています。それは、あなたが肉体をはるかに超えた存在であるという理解にほかなりません。それはまた、あなたの魂やハイヤーセルフを含む、自分のすべてを愛するということです。そこに到達した時、あなたは透き通るような光となり、真の自由を手にするでしょう。

私が向こう側の世界で学んだ一番大切なポイントは、私たちがしなければならないのは自分自身を愛することだけだということです。この世に戻ってから——そして、自分はエンパスであり、他人のエネルギーを吸収していること、他人にノーと言うのが自分にとってとても難しいことを発見してから——次のように認識を改めました。「自分をどれくらい愛するかによって人生が決まるかのように、自分自身を愛しなさい。なぜなら、それは真実だから」これは、エンパスの人にだけ言っているのではありません。自己愛は、すべての人にとって極めて重要なものなのです。愛する人のケアを家庭でしている人たちを対象とした研究によると、彼らには栄養不足や運動不足、自分の健康チェックの回数減少、鬱の増加、免疫不全、早期老化、といった傾向が見られます〔注5〕。私について言えば、自分自身のニーズよりも他人のニーズを優先させたために癌になったと確信しています。

エンパスにとって、自分を愛することは普通よりずっと難しいことです。自分自身の感情と同じくらい他人の感情を感じるというだけでなく、自分の感覚を無視する傾向があるせいで、他人の感情のほうをより強く感じることが多いからです。私たちエンパスにとっては、自分自身を愛するよりも他人を愛するほうがたいてい簡単です。他人の感情に対して非常に敏感な人は、このことを知っておく必要があるでしょう。もし介護職についているなら、なおさらのことです。自己愛がなければ、あなたの感情は押し流されて、周囲の人たちの痛みや感情に巻き込まれてしまいます。自分自身を見失ってしまうかもしれません。

自分を後回しにして、他人のことを先に考えるような傾向には注意してください。つまり、克服できなそうな大きな問題を抱えている時でさえ、他人の問題のほうが大きいと考えて自分の問題を闇に葬る、というような傾向です。総じて、自分以外のすべての人のために時間を使ってしまうということです。これが、自己愛が欠けている時のサインです。世の中のさまざまな問題に圧倒されて自分の光を暗くしているとしたら、それは自己愛の欠如にほかなりません。自分のためになれずして、他人を助けることなどできるはずがないでしょう。

では、どんな荷物を手放す必要があるかを判断する基準についてお話ししましょう。一日を通して、どの思考や選択や行動があなたを自己愛から遠ざけ、どれが自己愛へと近づけているか、じっくり見てみてください。これはまったく個人的なものなので、その判断をするのに一番ふさわしいのはあなた自身です。あなたが毎日していること、イエスと言っていることや引き受けていることのすべてに対し、それがあなたの荷物を重くしているか、軽くしているかチェックするのです。やることはとてもシンプルです。

直感を磨く

自分にとって正しいと感じるものだけを受け入れる強さが芽生えてきたら、それは自己愛の大きなサインです。自己愛にもとづいた選択の結果が人生に現れ始めると、あなたは自分自身の判断を信頼するようになります。そして、自分の直感を信じるようになるでしょう。それには少し時間がかかるかもしれません。なぜなら、長年の条件付けや他人に力を明け渡す傾向をすべて取り除き、もとに戻さなければならないからです。

もちろん、直感は人生のあらゆる分野であなたの助けとなります。自分を癒すこと、他人を癒すこと、夢を追いかけること――すべてにおいてです。自分の直感を磨き、それが花開くのに任せると、不安や恐れが消え始めます。

ひょっとすると、あなたは生まれつき直感が鋭いかもしれません。ですが、私たちの社会で直感は軽視されているため、その存在を否定したり、抑圧したりしている可能性があります。自分の直感を否定すると、本当の自分の一部を否定することになります。本当の自分を否定すると、あなたの光は暗くなります。特にエンパスや繊細な人の場合、直感はあなたがこの世に携えてきた光です。その光によって、あなたは人生の航海をするのです。自分自身を輝かせることを許可すれば、あなたは自分の道だけでなく、周囲の人たちの道をも照らすでしょう。あなたの存在そのものが、彼らに明晰さをもたらします。

あなたは灯台となるのです。想像してみてください。誰もが真っ暗な部屋の中にいて、そこにあなたが光――あなたの直感――を持ち込むと、突然あらゆるものがクリアになります。あなたが進んでいく方向もはっきりします。人々があなたの光の領域やエネルギー・フィールドの中にいる時、彼らに起こっていることをあなたの光が見せてくれます。それは彼ら自身が気づいていないことなので、家族や友人たち、介護職の人たちやその世話を受けている人たちにとって非常に有益でしょう。彼らが自分の光を輝かせるのを助けることは、あなた自身のためにもなります。彼らがあなたに頼ることがなくなり、もうあなたに寄りかからなくなるからです。

あなたの光が暗くなると――重荷を軽くするどころか、ますます増やしていくと――あなたの直感もまた翳り始めます。そして、恐れや不安を感じるでしょう。この翳りがついには身体的な病気の兆候を引き起こします。身体はとても賢く、病気は「その生き方を続けるべきではありません。直感を取り戻して、目を覚ましてください。自分の光を輝かせることに着手して！」という身体からの警告なのです。あなたが周囲に合わせようとしたり、うまく溶け込むために波風を立てないようにしたり、自分のエネルギーを他人に与えてへとへとになったりすればするほど、肉体の症状はあなたの注意を引くためにますますひどくなるでしょう。

エネルギーが高まることでもたらされる恩恵は、無限にあります。もしあなたがヒーリング、教えること、講演活動、自分のアートや才能を人々と分かち合うことに興味があるなら、自分の光を明るく保つことは不可欠です。さもなければ、あなたはみんなの要求や問題の中で途方に暮れてしまうでしょう。あなたのすべきことは、光の担い手であることによって、周囲の人々の気持ちを明るくすることなのです。

自分自身をそのように愛すると、あなたの魂のエネルギーが実際に拡大し、より大きなエネルギー・フィールドが生まれます。エネルギー・フィールドが大きくなれば、人生に何がやってこようと、ずっと簡単にそれに対処することができるでしょう。なぜなら、高次の周波数が使えるからです。あなたはその感覚を保持したいはずです。私自身が用いていて、他人にも勧めているツールの一つをお教えしましょう。一日に数回、自分を抱きしめて「あなたはこれまで、なんてたくさんの苦労をしてきたのでしょう。でも、これからは私がずっとそばにいます」と言ってあげ、自分の魂がこの人生で耐え忍んできたすべてを振り返るのです。そして二十秒間——もし望むならもっと長く——、こうすることで生まれた感覚を味わいます。目は、開けていても閉じていてもかまいません。場所は家の中でも、自然の中でもいいでしょう。大切なのは、「私の魂はずっとそばにいてくれたんだ」という畏敬の念を感じることだけです。その感覚を持ち続けましょう。すぐにうまくいかなかったとしても、自分を責めないでください。自分自身に優しくすることも、このエクササイズの一部です。練習すればするほど、あなたのエネルギー・フィールドはだんだん大きくなっていきます。エネルギー・フィールドが拡大すると、そこにやってくるものも拡大します。あなたがより高い周波数で振動していれば、他人もそのエネルギーに触れて、自然にその高いレベルであなたと共振し始めます。

三十二個のメトロノームを用いて行った、こんな実験があります。時間をずらして一つひとつのメトロノームをスタートさせると、不規則にそれぞれがカチカチと音を出し始めます。ところが二分半が経過すると、互いが同調し、どれもが同じリズムを刻み始めるのです〔注6〕。これは、人間である私たちにも起こることです。私たちは同化します。つまり、自分のエネルギーを周囲の人々のエネルギーと同調させるのです。もし恐れのエネルギーと同調したくないなら、自分自身のエネルギーを拡大させなければなりません。そのための方法が、自分自身を愛することなのです。感謝することも、自己愛の実践の一つです。私の場合、感謝するための時間を特別に取っています。私は人間関係、健康、豊かな食事、経済的自由など、自分の人生におけるすばらしいことすべてに感謝しています。感謝は私たちのエネルギーを高めてくれます。

エンパスや繊細な人たちが自分自身を愛すると、地球上で最もパワフルな存在になるでしょう。エンパスであることは贈り物ですが、彼らにとって、自分を愛するのは非常に難しいことです。だからこそ、エンパスが自己愛を学ぶことは必須です。彼らは地球のエネルギーを高める力を持っているのですから。

＊　＊　＊

あなたが非常に敏感な人、あるいはエンパスであろうとなかろうと、私が向こう側の世界で学んだ最も大切なことの一つは、私たちはみんなつながっているということです。肉体がなければ、私たちは誰もが純粋な意識であり、私たちの意識は地球上の生きとし生けるものすべてとつながっています。誰もが宇宙からの贈り物にアクセスすることができ、誰もが自分の直感やつながりの感覚を磨いて発達させることができます。それにはただ、そこに波長を合わせることを選択すればよいだけなのです。

謝辞

私にとって、この謝辞は本書で一番大切な部分だと言えるでしょう。なぜなら、この本が生まれる上で欠かせなかった人たちに、感謝の気持ちを伝える場所だからです。この本の出版に直接的、あるいは間接的に関わってくれたすべての人たちが、ここに至るまでの私の旅において重要な役割を果たしてくれました。

まず最初に、親愛なるウエイン・ダイアー博士に感謝を述べたいと思います。あなたのスピリットの寛容さには、今なお感謝の気持ちでいっぱいです。私は、宇宙がずっと前から、完璧なタイミングで二人を引き合わせるよう計画していたとわかっています。あなたは私の旅における大切な存在であり、あなたなしではこの本を書くことはできなかったでしょう。あなたがくれた優しさや助言は、私にとって非常に大きな意味がありました。世界中の人たちがあなたに影響を受け、元気づけられたのも当然のことです。私の物語を世界中の人たちと分かち合うきっかけを与えてくれ、私の人生をとても魅惑的なものにしてくれたことに、心の底から感謝しています。本当にありがとうございました。でも、何よりも感謝したいのはあなたの存在そのものです。心から愛しています！

私の親友であり、ソウル・ブラザーでもあるリオ・クルスにお礼を言いたいと思います。あなたとの友情がどんなに大切なものか、それを十分に言い表せる言葉は見つかりません。ここ何年もの間、私の話に耳を傾ける準備ができていなかった世の中にあって、あなたにどれだけ助けられたことでしょう。臨死体験に関するあなたの膨大な知識は私に大きな安らぎを与えてくれ、人々が私の話に疑いを投げかけた時でも、あなたの揺るぎないサポートのおかげで正気を保っていられたのです。そのことに、どうお礼を言っていいかわかりません。あなたは私の大親友で、私の物語は世界中の人たちに紹介されるべきだとずっと信じていてくれました。この本が出来上がるまで励まし続けてくれて本当にありがとう。あなたをとても愛しています。

ミラ・ケリーにも感謝の気持ちを伝えたいと思います。あなたのような美しい魂の持ち主を私は知りません。シンクロニシティの一部を担い、私の物語をウエインに紹介してくれて本当にありがとうございます。あなたの行動のおかげで、こうして私の本が完成しました。あなたを愛しています。

次に、編集者のジェシカ・ケリーにお礼を言いたいと思います。あなたが私の物語に命を吹き込んでくれました。いつも忍耐強くいてくれたこと、私が言おうとしていることを的確に理解してくれたことに深く感謝しています。あなたと一緒に仕事ができて幸せでした。ありがとうございました。

ヘイ・ハウス出版のレイド・トレーシー、シャノン・リトレルをはじめとする皆さんのサポートにもお礼を言います。ヘイ・ハウス出版の家族の一員になれたことをとても光栄に思っています。臨死体験研究財団（ＮＤＥＲＦ）の設立者であるジェフリー・ロング博士にもお礼を言いたいと思います。私のメッセージの重要性を理解してくれ、自分のサイトに掲載し、世界中から注目されるようにしてくれたことに感謝しています。

ピーター・コー医師にも感謝の言葉を贈ります。あなたが私の臨死体験に興味を持ち、香港まで会いにきてくれ、私のカルテを調べてくれたことにとても感謝しています。莫大な量の医療記録とファイルを忍耐強く、丹念に調べてくれて本当にありがとうございました。

私のかかりつけ医で、友人でもあるブライアン・ウォーカー医師にもお礼を言います。ずいぶん怖がらせてしまったに違いありません！　それでも私を見捨てず、ずっとそばにいてくれてありがとうございました。

私の暗黒時代に寄り添ってくれた、香港サナトリウムの医師と看護師たちのすばらしいチームにもお礼を言いたいと思います。あなた方の手を通して宇宙が仕事をすることを、許可してくれてありがとうございました。

同じような臨死体験を持つすばらしい人たちにもお礼を言います。あなた方は私のコミュニティであり、家族であり、友人です。デイブ・セイラー、ルーカス・テイラー、マーク・スウィーニー、アリソン・ブルーアー、ベイリー・ストラス、クロエ・ソリス、デイヴ・マスウィアリー、ドン・オコナー、ウエイン・ハート、カーラ・ドーベル、そしてロレイン、本当にありがとう。あなた方がいなければ、私はこの旅を続けることはできませんでした。皆さんのおかげで、自分には居場所があると感じられ、笑いや喜びに囲まれながら歩むことができたのです。みんなのことが大好きです！

最後に、私のすばらしい家族――かけがえのない兄アヌープとその家族のモナとシャーン、いつも私に揺るぎない無条件の愛を注いでくれている親愛なる母に、深い感謝の気持ちを伝えたいと思います。お母さん、心から愛しています。苦労ばかりかけてごめんなさい。そして、愛する夫、ダニー。私の人生に現れてくれたことに感謝し、いつもあなたのことを心の底から愛しています。私たちが共に過ごした日々を大切に思い、これからもずっと一緒にいられるように願っています。あなたを愛しています。

『Dying to Be Me』の出版後、私の旅を助けてくれた次の人たちにもお礼を言いたいと思います。まず、私のすばらしいエディターであるケリー・マローン。彼女は私の仕事を深く理解してくれていて、私がやりやすいようにするコツも知っています。ケリー、いつも本当にありがとう。これからもよろしくお願いします。

そして、私を支えてくれるすばらしいチーム。彼らがいなければ、私の仕事は成り立ちません。ロズ・ブルックスはこの七年間、私の右腕でした。彼女の献身と誠実さと愛に深く感謝しています。彼女がこの旅を共にしてくれて、とても幸せです。ミシュリン・カランは洞察力に優れ、忍耐強く、才能豊かな人物で、私の仕事をすごく楽なものにしてくれます。また、アビー・ジャッドとの仕事は私にとって楽しみそのものです。私はチームの全員に深く感謝しており、これ以上すばらしいチームはないと信じています！

SNSの担当だったミレーナ・ジョイ・モークにも、とても感謝しています。私たちはウエイン・ダイアーの死後に、彼の導きによって巡り会いました。

それから、ヘイ・ハウス出版のメロディ・ガイとアンナ・クーパーバーグにもお礼を言いたいと思います。この10周年記念版のために私が新たに書き加えた文章を、見事な出来栄えに仕上げてくれました。お二人の洞察とアドバイス、サポートに深く感謝します。

10周年記念版の訳者あとがき

『Dying to Be Me』（邦題『喜びから人生を生きる！』）の10周年記念版をお届けできることは、私にとってこの上ない喜びです。日本では、アメリカでの出版から一年遅れで二〇一三年に出版され、本書は初版から十五刷目にあたります。

その間、多くの皆さんがこの本を愛してくださり、Ａｍａｚｏｎの書評や、あるいは直接お手紙でご感想をお送りくださったことに深くお礼を申し上げたいと思います。

新装版の本編は以前と同じですが、10周年記念に寄せたアニータの新しいあとがきが付け加えられています。その文章は、ほとんど一章分くらいの分量があり、読み応えのあるものです。

本書はアニータ・ムアジャーニという一人の女性が、臨死体験中のすばらしい気づきによって、末期癌から奇跡的治癒を遂げた実話です。臨死体験の本は数多く出版されていますが、当時、この本は癌専門医による診療記録付きということで注目を浴びました。しかし実際には、医学的な信憑性よりも、アニータが向こう側の世界で得た気づきの内容に、世界中の読者が深い感銘を受けたのです。

その気づきとは、「私はありのままですばらしい存在だ。自分を無条件に愛し、自分らしさを表現することが人生の目的なんだ！」ということでした。アニータは、自分が愛されるのに値しないと信じ、他人の感情や望みにばかり注意を向けていたことが癌になった理由だと悟りました。そして、今度こそ恐れではなく、喜びから人生を生きるためにこの世に戻ってきたのです。

10周年記念版の出版を機に、あらためてこの本を読み直しましたが、そのメッセージのすばらしさは色褪せるどころか、むしろより強烈な光を放っているように感じました。そして、私自身がいかに恐れにとらわれていたかということにも気づかされました。振り返れば、ここ数年、新型コロナウイルス感染症やウクライナとロシアの問題などにばかり意識が向き、過剰なほどの情報収集が習慣化していました。今の自分の行動パターンが、癌を発症する前のアニータの行動（癌について調べ、癌を予防する食べ物や健康食品を摂りながら、癌に支配された生活をしていた）とあまりにも類似しており、思わず苦笑したほどです。「私が癌になった本当の原因は〝恐れ〟でした」というアニータの言葉は、これまでにないほどずっしりと私の胸にこたえました。

正直に言えば、十年前に翻訳をした際には、本当に〝恐れ〟が癌を引き起こすほどの力を持つものだろうかという疑いを抱いていた気がします。しかし、昨今、世界中の人々が新型コロナウイルス感染症に対して怯えている様子をいやというほど目にしながら、恐れという感情の影響を真剣に考えざるをえませんでした。今このタイミングで、『喜びから人生を生きる！　10周年記念版』をお届けできることは天の采配のように感じられてなりません。アニータのメッセージがこれほど必要とされている状況はないと言えるからです。この本を読むことで、日々の生活の中に少しでも安らぎや愛を感じることができますように。そして、本当の自分のすばらしさを思い出し、自分自身を大切にして、あなたの光をできるだけ明るく輝かせる助けとなりますように。それが世の中全体への奉仕となり、平和への近道であることをどうか忘れないでください。

10周年記念版のあとがきでもその内容に触れていますが、アニータは最近、『Sensitive Is the New Strong』（邦題『繊細さは、これからの時代の強さです！』）を出版しました。それによると、あらゆる人が同じような感じ方をしているわけではなく、ものごとをより深く感じ取ってしまう人たちがいます。幼い頃から自分よりも他人を喜ばせるように努力し、自己否定や自己嫌悪の中で生きてきたアニータですが、その理由の一つは自分がエンパス（他人の感情やエネルギーを感じて、吸収してしまう）という気質を持つからだとわかりました。そして、彼女の本に惹かれる読者にも同じ傾向を持つ人が多いことを発見し、ドアマット（踏みつけられてもじっと耐える人）の人生から立ち直った自らの体験を分かち合うことにしたのです。空気を読み、気配りや心配することを重視する日本では、アニータのような繊細な心を持つ人たちが少なくないことでしょう。アニータの体験談に触れることが、自分は決して一人ではないと知り、この予測不可能な時代に、自分を見失わずに生きる助けとなれば幸いです。

この場を借りて、アニータのメッセージに深く共感してくださり、それが広く伝わるようにご尽力くださったすべての方々にお礼を申し上げます。特に、いつも励ましの言葉をかけてくださる山川紘矢先生・亜希子先生ご夫妻、この本を多くの方々にご紹介くださった故寺山心一翁先生、本当にありがとうございました。

この10周年記念版を翻訳する機会をくださったナチュラルスピリットの今井社長と編集者の光田さんにも心よりお礼を申し上げます。

最後になりますが、私の翻訳をいつも楽しみにし、応援してくれていた今は亡き両親・奥野義高・幸子にこの本を捧げたいと思います。

二〇二三年　秋

奥野　節子

原 注

10周年記念版のあとがき

注1 Kyle Gray, "The Universe Is Recruiting You! Kyle Gray Explains Angel Numbers and Signs from Above," Heal Your Life, last modified April 11,2016, https://www.healyourlife.com/the-universe-is-recruiting-you-kyle-gray-explains-angel-numbers-and-signs-from-above.

注2 Judith Orloff, *The Empath's Survival Guide: Life Strategies for Sensitive People* (Boulder, CO: Sounds True, 2018),59. (ジュディス・オルロフ『LAの人気精神科医が教える共感力が高すぎて疲れてしまうがなくなる本』桜田直美訳、SBクリエイティブ、2019)

注3 Bianca P. Acevedo et al.,"The highly sensitive brain: an fMRI study of sensory processing sensitivity and response to others' emotions," *Brain and Behavior,* no.4 (June 2014): 580-594. https://doi.org/10.1002/brb3.242.

注4 Jamie Ward, Patricia Schnakenberg, and Michael J.Banissy,"The relationship between mirror-touch synaesthesia and empathy: New evidence and a new screening tool," *Cognitive Neuropsychology,* no.35 (July 2017): 314-332. https://doi.org/10.1080/02643294.2018.1457017.

注5 "Caregiver Statistics," Caregiver Action Network, accessed May 2,2021, https://caregiveraction.org/resources/caregiver-statistics.

注6 Nakaya, R. (2019, April 17). *Physics! 32 Out-of-sync metronomes synchronize.* The Kid Should See This. https://thekidshouldseethis.com/post/32365833754.

参考文献

10周年記念版のあとがき

Acevedo, Bianca P., et al. 2014. “The Highly Sensitive Brain: An fMRI Study of Sensory Processing Sensitivity and Response to Others' Emotions.” *Brain and Behavior* 4(4): 580-594. https://doi.org/10.1002/brb3.242.

“Caregiver Statistics.” 2015. Caregiver Action Network. June 10, 2015. https://caregiveraction.org/resources/caregiver-statistics.

Gray, Kyle. 2016. “The Universe Is Recruiting You! Kyle Gray Explains Angel Numbers and Signs from Above.” Heal Your Life. https://www.healyourlife.com/the-universe-is-recruiting-you-kyle-gray-explains-angel-numbers-and-signs-from-above.

Nakaya, Rion. 2012. “Physics! 32 Out-of-Sync Metronomes Synchronize.” The Kid Should See This. September 27, 2012. https://thekidshouldseethis.com/post/32365833754.

Orloff, Judith. 2018. *The Empath's survival Guide: Life Strategies for Sensitive People.* Boulder, Colorado: Sounds True, Inc.（ジュディス・オルロフ『LAの人気精神科医が教える共感力が高すぎて疲れてしまうがなくなる本』桜田直美訳、SBクリエイティブ、2019）

Ward, Jamie, Patricia Schnakenberg,and Michael J. Banissy. 2018. “The Relationship between Mirror-Touch Synaesthesia and Empathy: New Evidence and a New Screening Tool.” *Cognitive Neuropsychology* 35 (5-6): 314-32. https://doi.org/10.1080/02643294.2018.1457017.

■ 著者紹介

アニータ・ムアジャーニ　*Anita Moorjani*

シンガポールでインド人の両親のもとに生まれる。２歳の時に香港へ移り、長年香港で暮らす。２００２年４月に癌の宣告を受けるまで企業で働いていたが、２００６年の初めに起こった臨死体験が人生を大きく変える。世界的に著名なスピリチュアルの指導者、故ウエイン・ダイアー博士によって見いだされ、２０１１年に世界舞台に躍り出ると、瞬く間に注目を集める。４年に及ぶ壮絶な癌との闘いから臨死体験をして生還するまでのストーリーが書かれた処女作『喜びから人生を生きる！』（原題『Dying to Be Me』）は４５ヵ国以上の言語に訳され、世界中で１００万部以上売り上げた。

ニューヨーク・タイムズ紙のベストセラー作家であり、他の著書に『もしここが天国だったら？』（原題『What If This Is Heaven?』）『Love:A Story about Who You Truly Are』（未邦訳）『繊細さは、これからの時代の強さです』（原題『Sensitive Is the New Strong』）がある。また、ロンドンの有名な老舗書店ワトキンスによる「世界で最も精神的に影響力のある１００人」に、８年連続で選出されている。

現在は夫のダニーとともにアメリカで暮らし、世界中を旅しながら、自らのストーリーと学びを分かち合うことを続けている。

ホームページ　▶　https://anitamoorjani.com/

■ 訳者紹介

奥野　節子（おくの　せつこ）

北海道生まれ。高校の英語教師を経て、ジョージ・ワシントン大学大学院修了。訳書に『なぜ「孤独感」を感じてしまうのか』（徳間書店）、『自分を愛せなくなってしまった人へ』『完了プロセス』『もしここが天国だったら？』『繊細さは、これからの時代の強さです』『ただ一つの真実、ただ一つの法則：私は在る、私は創造する』（ナチュラルスピリット）、その他多数がある。

喜びから人生を生きる！
～臨死体験が教えてくれたこと～
【10周年記念版】

●

2023年12月25日　初版発行

著者／アニータ・ムアジャーニ
訳者／奥野節子

装幀／斉藤よしのぶ
編集・DTP／光田和子

発行者／今井博揮
発行所／株式会社 ナチュラルスピリット
〒101-0051 東京都千代田区神田神保町3-2 高橋ビル2階
TEL 03-6450-5938　FAX 03-6450-5978
info@naturalspirit.co.jp
https://www.naturalspirit.co.jp/

印刷所／シナノ印刷株式会社

ISBN978-4-86451-460-6 C0011